筑後川よ永遠なれ

團伊玖磨記念『筑後川』流域コンサート、二十年の軌跡

「團伊玖磨さんの音楽を楽しむ会」代表
中野政則

出窓社

筑後川よ永遠なれ ◎ 目次

第五章　夫婦で歩いた二十年　161

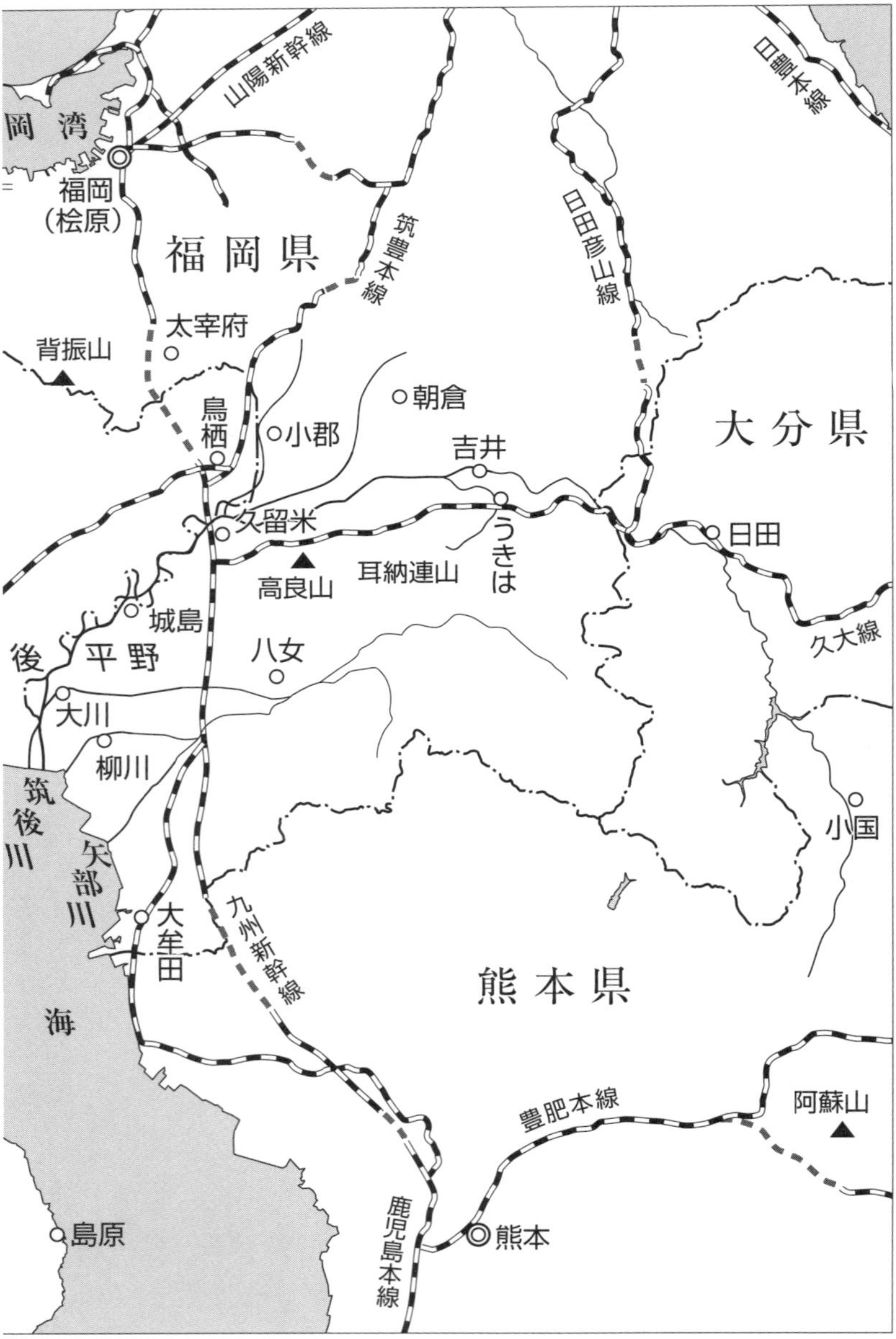
岡
湾
山陽新幹線
日豊本線
福岡
(桧原)
福岡県
筑豊本線
日田彦山線
太宰府
背振山
鳥栖
朝倉
小郡
大分県
吉井
久留米
うきは
日田
高良山
耳納連山
城島
後
平野
八女
久大線
大川
柳川
筑後川
小国
矢部川
大牟田
九州新幹線
海
熊本県
豊肥本線
阿蘇山
鹿児島本線
島原
熊本

筑後川流域コンサート関連地図

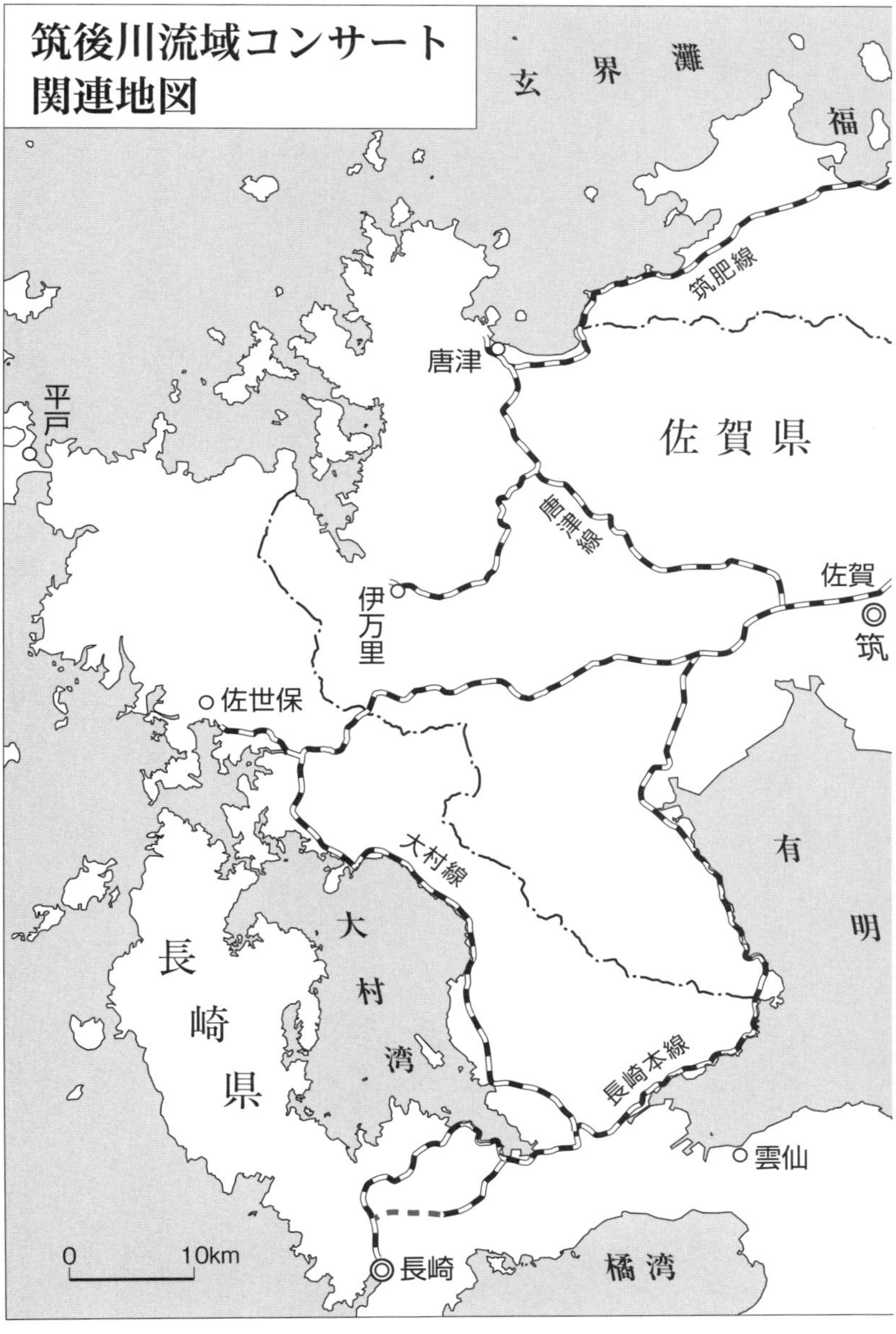

筑後川よ永遠なれ

第一章　日本初の流域連続コンサート

1

『筑後川』流域コンサートの起こり

『筑後川』流域コンサートが始まった経緯について、はじめに述べておこう。

今から約二十年前、一九九七（平成九）年というと、南米ペルーの日本大使公邸で起きた人質事件が日本中の注目を集めた年である。その年の九月四日、作曲家の團伊玖磨《だんいくま》さんが急性心筋梗塞《しんきんこうそく》で倒れた。一年余りの静養の後、團さんが復帰第一戦の指揮台に立ったのが翌九八（平成十）年十二月十三日の混声合唱組曲『筑後川』作曲三十周年記念コンサートだった。

福岡県久留米《くるめ》市の石橋文化ホールでの公演の前日のことである。筑後平野を一望できる久留米で一番高い山、海抜三一二メートルの高良山《こうらさん》から團さんと私は筑後川を眺めた。

「こんなに広く、上流から下流まで見渡せる川も少ないね。もういちど筑後川流域をゆっくり歩いてみたいね」

團さんは、「何度筑後川の流域を歩き、何度川面に舟を浮かべたことだったろう」と三十周年記念コンサートのプログラムに回顧している。三十年前、合唱組曲『筑後川』の作曲構想を練る團さんにお供して歩いた日のことを私も思い浮かべていた。

当時、私はタイヤメーカー・ブリヂストンの社員として久留米工場労務課に勤務していた。四千名の従業員を擁する久留米工場は、日本最大のタイヤ生産量を誇り、工場と地域社会を統括する副社長が常駐していた。副社長の龍頭《りゅうとう》文吉郎さん（故人）は、地元商工会議所会頭をはじめ、社会経済、教育文化関係の要職を引き受けていた。私は労務管理の業務をこなしながら、龍頭さんの仕事の助手もしていた。

高良山から筑後川を眺める
團伊玖磨（久留米市、1998年）

ブリヂストンの創業者・石橋正二郎が出身地の久留米市に寄贈した音楽ホールを拠点に活動する久留米音協合唱団の団長も、龍頭さんが引き受け、久留米工場内に事務局が置かれていた。

ちょうど発足五周年を迎える合唱団に、合唱団の持ち歌として、筑後川をテーマにした合唱曲を作ろうという企画がもちあがった。

そこで、石橋幹一郎社長に助力をお願いしたところ、作詞は久留米の医師で詩人の丸山豊さんに、作曲は社長の義兄にあたる團さんに依頼することになった。

一九六七（昭和四十二）年に出来上がった丸山豊さんの詩に團さんは作曲を始めた。團さんは筑後川流域を歩き曲想を練った。事務局の私も、團さんの旅のお供をした。

以来三十年という年月が経っていた。

『筑後川』作曲三十周年記念コンサートは、團さんが病気で倒れる前から計画に着手し、私はプロデューサーとして準備を進めてきた。

単章の合唱作品はそれまで数多く作曲してきた團さんだったが、合唱組曲の型式で作品に取り組むのは『筑後川』が初めてだった。「初手《しょて》に取り組む作曲はやはり難しかったですね。しかもアマチュア合唱団が歌える曲にしないといけない」と語っていたが、起承転結の構成力を要し、創設間もない久留米音協合唱団が歌うこともあって作曲には気をつかったようだ。

そして「有明の海を経た筑後川の水はやがて東シナ海で揚子江の水と合体する」という一衣帯水《いちいたいすい》の深い思いは、團さんの確固たる作曲思想だった。久留米市在住の丸山豊さんの歌詞に筆を加え、終章「河口夕映《ゆうばえ》」から夕映の二文字を削除し「河口」としたのもその思いからだった。

『筑後川』の初演は、当初一九六八（昭和四十三）年十月の予定だった。しかし團さんの作曲の都

混声合唱組曲『筑後川』初演の指揮を執る團伊玖磨と久留米音協合唱団
（石橋文化ホール、1968年12月20日）

合で公演日は二度延期され、全5章の『筑後川』が完成したのは、十二月二十日の演奏会の三日前、第5章は、完成したばかりの楽譜を團さん自身が持参するという綱渡りの本番だった。世の中は十日ほど前に起きた三億円事件で騒然としていた。

『筑後川』初演を振り終えた指揮棒が、團さんの胸元に止まった。なんということの間だろう。やがて沸きおこる会場の拍手。

進行役として舞台下手の袖に立つ私の全身も『筑後川』でおおい包まれ、何かにつかまっていないと倒れてしまいそうな衝撃を受けた。

会場の拍手と歓呼に何度も何度も会釈で応えた團さんが、息を弾ませて舞台袖に戻って来た。両手で私の手をしっかり握りしめた。少しかさかさした掌《てのひら》の感触は強く大きかった。

流れる額からの汗をタオルで拭くとニコリと白い歯を見せ、再び舞台の指揮台へ戻った團さんは、息を整えながら笑みを舞台上の六十八名の合唱団員に注ぎ、アンコール曲の紹介をし、演奏を始めた。初演の成功をかみしめるように、アンコールの「銀の魚《うお》」は本番の演奏より遅いテンポがとられた。

正気を取り戻した私は、舞台進行役を最後までつとめ幕を下ろした。

この感動は一生涯身につくものとなった。『筑後川』初演を喜び合い握り合った團さんの掌の感触は、今も忘れることができない。

「スリルに富んだ感動の初演の夜」と團さんは色紙に残している。

五線紙と激しく闘っている團さんを葉山（神奈川県）の自宅に訪ね、作曲を急いでもらうようお願いしたのもつい先日のような気がしていた。

『筑後川』初演の夜
團さんが書いた色紙（1968年）

初演の翌年にカワイ楽譜（現・カワイ出版）から『筑後川』楽譜が出版された。楽譜はやがて教科書に載り、一九七三（昭和四十八）年には全国合唱コンクール課題曲ともなり、瞬く間に全国に広がり、作曲三十周年の一九九八（平成十）年には十二万部の出版を数えクラシック音楽界の異例のヒット作と呼ばれていた。

混声合唱組曲『筑後川』作曲三十周年記念コンサートの会場は初演と同じ石橋文化ホール（久留米市）。ＮＨＫテレビの正月番組として一月二日、一時間四〇分にわたり放送される収録カメラも入り、晴れやかなものとなった。初演以来三十年余の交わりを重ね、團さんは七十四歳、私は五十八歳になっていた。

心筋梗塞から奇跡的に回復した團さんが、指揮台から下りると「三十年先が見えてきたよ」と私に言われた。健康回復への自信を取り戻した團さんにとっても記念すべき夜だった。

年が明けた一九九九（平成十一）年二月十一日の建国記念日。この日、團さんの招きで横須賀の自宅を訪ねた私たち夫婦に團さんは熱く語った。

「今七十五歳、五か年かけて川を下った五年後は八十歳。それまで元気でいるよ。全国の『筑後川』仲間と流域の人たちがひとつになって「みなかみ」から「河口」まで五年かけ標題に沿って川を下ろう」

「『筑後川』は、作曲の原点」と語る團さんの思いは熱かった。

筑後川流域の合唱団と全国の『筑後川』愛唱者たちと一緒に流域をコンサートしながら河口まで下っていくという團さんの夢に、私は共感したものの会社勤めをしていた身からすぐに動くことはできず、心に留めておくことにした。

五年という長丁場である。共感し夢を描くまでには私なりの決意を要した。

2

尊敬する人の「志」と響きあう

「中野さん、やがて暇《ひま》になりますよね」

團さんのこの一言で私の定年後の人生が決まった。

六十歳の定年を少し前にしていた二〇〇〇（平成十二）年二月。

毎年この時期に開かれる北九州市主催の合唱組曲『北九州』（團伊玖磨作曲・栗原一登作詞）演奏会の開演を控えた、小倉リーガホテルでの昼食後のことだった。一年前に、團さんが「筑後川を一緒にゆっくり下ろう」とおっしゃっていたから、私も同席していた妻も、團さんが何を期待しているのか察しがついていた。

そしてもう一つ團さんから新たな〝注文〟が出された。團さんが九州をテーマに作曲した「九州作品」の楽譜の存在確認をしてほしいというものだった。コピーを取らない主義の團さんは、委《い》

團伊玖磨（右）と著者夫婦（東京、1998年）

嘱《しょく》先に楽譜を渡してしまうと、手元に楽譜が残っていないのであった。時折、團さんと会うたびに、「九州作品」のことは耳にしていたから、私は五十曲ほどある作品の内容は、把握できていた。

『筑後川』が広く知られるようになると、この曲に触発され、『筑後川』のような作品を作曲してほしい、と合唱団や自治体から團さんへ依頼が押し寄せた。

この日演奏される『北九州』もそのひとつであった。作品の制作にあたった末次《すえつぐ》寛八さん（当時北九州市教育委員会文化課指導主事）は、こう回想している。

　一九六八（昭和四十三）年に團伊玖磨先生の作曲による『筑後川』が発表された。こんな合唱組曲が北九州にあったらと羨ましい気持ちがこみあげてきた。企画書を市長に上申し承認を取り付けた。
（平成十三年発行の同曲記念誌より）

管弦楽と合唱のための『北九州』は團伊玖磨によって作曲され、一九七八（昭和五十三）年二月四日、小倉市民文化会館で作曲者自身の指揮により初演された。オーケストラに児童合唱、小倉祇園太鼓、そして混声合唱と総勢四百名を超す大舞台は、北九州の五市合併記念として作られ、初演以降毎年開催されてきた。毎年のように私たち夫婦も聴きに行っていた。

合唱と管弦楽のための『西海讃歌』（團伊玖磨作曲・藤浦洸《こう》作詞）は、『筑後川』を聴いて「身震いがした」と感動した富永雄幸さん（故人・当時佐世保中央病院理事長）が、九十九島《くじゅうくしま》の美しさをテーマに團さんへ作曲を委嘱したものである。一九六九（昭和四十四）年には作曲者自身の指揮により初演され、佐世保市内の文化団体総出で、毎年『西海讃歌』は演奏されている。

「父祖の地に五十曲ほど書いた九州作品が、『筑後川』と数珠《じゅず》つなぎになり、輪になっていくのが楽しみ」と團さんは語っていた。

團さんは東京生まれだが、祖父の團琢磨《たくま》、父の伊能《いのう》は福岡で生を受けている。特に琢磨は三井鉱山を率いて炭都・大牟田《おおむた》を築くなど、石炭を通じて九州の発展に貢献したことで名高い。母方も長崎出身であり、九州との縁は深いものがある。

「九州をテーマにした作品を総整理してもらえないか」と頼まれるなかには、きっと團さんの夢が詰まっていることだろうと察した。團さんはいつも若々しくロマンに満ち「次の夢」を周りの人に与えてくださるのだった。

混声合唱組曲『筑後川』の楽譜の冒頭に「筑後なる石橋幹一郎に」の献辞《けんじ》が付されている。タイヤ産業のトップメーカー「ブリヂストン」を創業した石橋正二郎を継ぎ、世界のブリヂストンとしての地位を確立したのが、二代目経営者で息子の石橋幹一郎だった。

筑後川中流の久留米に創業し、二代にわたる独自の郷土愛に基づいたブリヂストンの社会貢献は、美術、音楽、福祉、教育など広範に及び、その功績は広く知られている。なかでも東京駅八重洲口にあるブリヂストン美術館は特に有名だ。実は混声合唱組曲『筑後川』も、幹一郎の文化支援の中から生まれたのである。

ブリヂストンの久留米工場に勤務していた私が團伊玖磨と出会ったのは、幹一郎社長の引き合わせだった。一九六五（昭和四十）年、創業三十五周年を迎えたブリヂストンが、記念協賛事業としてオペラ『夕鶴』の公演を、発祥地の久留米を拠点に、大牟田、福岡、佐賀など西日本六都市で行った。『夕鶴』の作曲者で、この公演の総指揮者・團さんに、ブリヂストンの担当者として引き合わされたのである。

その十年前の一九五六（昭和三十一）年、ブリヂストンは会社創業二十五周年記念に「社歌」を制定することになり、作曲を團さんに依頼した。作詞は石橋正二郎自ら手がけたものだった。「社歌」の窓口を担当したのが労務課で、團さんを久留米工場に招き、発足したばかりの従業員で編成する吹奏楽団の指導をしてもらったという。

そうした経緯があったので、創立三十五周年記念の『夕鶴』公演の窓口も、労務課が受持つことになった。そして入社間もない、音楽にくわしいわけでもない新米社員の私が担当に指名され、東京本社での打合せ会で、幹一郎社長に團さんを紹介されたのである。それまで團伊玖磨という名前も人柄も知らなかったが、実務担当になると團さんの気心がだんだんわかってきた。歩く博物館のような博識、ニコッと笑うあの笑顔に、私はだんだん惹きつけられていった。

それから二年後の一九六七（四十二）年、流域の人々の生命を支える筑後川を主題にした混声合唱組曲『筑後川』が創作される時、私は事務局として作曲構想を練る團さんに同行した。そして『筑後川』初演（一九六八年）へとつながったのである。

久留米での初演の翌年、東京文化会館小ホールで二晩にわたる『筑後川』東京初演が行われた。團さんの指揮、合唱は二期会合唱団とNHK放送合唱団、ピアノは三浦洋一。久留米での初演が作曲の遅れにより二度にわたり変更されたため、出席できなかった石橋幹一郎は東京初演を楽しみしていた。その会場で、私は幹一郎から朗子《さえこ》夫人を紹介された。朗子さんは團さんの実妹であった。團家と石橋家との関係は、正二郎が考案した「地下足袋」を一九一九（大正八）年に三井三池炭鉱が試用したことに始まる。

米国マサチューセッツ工科大学で鉱山学を学んだ團琢磨は、帰国後いくつかのキャリアを積んだ後、久留米から南へ三十キロのところにある大牟田の三井三池炭鉱の最高責任者になっていた。当時石炭は黒いダイヤと呼ばれ、わが国を支える基幹産業だった。

一方、久留米で和足袋《わたび》の製造販売の家業を継いでいた正二郎は、勤労者の履物《はきもの》の革命を図ることに着目し、足袋にゴム底を付着し耐久性のあるものに改良し安価に作ることに成功した。試作品千足を作り三池炭鉱で試用してもらった。作業しやすく耐久性も十分で、ヤマの上がり下りも滑らず重宝だと好評であった。三池炭鉱での地下足袋の試用効果は絶大で、正二郎の「アサヒ足袋」は全国の大衆へ広がった。

地下足袋で成功をおさめた正二郎は事業を兄に譲り、自動車産業の招来を予見しタイヤ産業に着手する。一九三一（昭和六）年にブリヂストンタイヤ株式会社（現・ブリヂストン）を久留米の地に創業した。

終戦間際、正二郎の長男幹一郎が團さんの妹の朗子さんと結婚した。終戦後、夫婦は久留米に居を構えたため、團さんにとって久留米は近しいまちとなった。

正二郎は、一九五五（昭和三十）年に團伊玖磨のオペラ『夕鶴』を久留米公会堂に招き市民に一般公開した。初演から三年しかたっていない中での上演で、もちろん「九州初演」であった。その後も日本で最多上演回数を誇るオペラ『夕鶴』の公演に多大な応援の手を差し伸べるなど、正二郎は若い芸術家團伊玖磨の支援を惜しまなかった。

幹一郎は、久留米での『筑後川』初演収録テープを自主製作でレコード化し、合唱団や文化関係者に贈っていた。レコードジャケットには朗子夫人の日本画による挿絵《さしえ》が添えられ、夫婦そろっての愛情が注がれていた。楽譜出版に際し、團さんは感謝を込めて「筑後なる石橋幹一郎に」の献辞を付した。

『筑後川』の後、混声合唱組曲『海上の道』、『大阿蘇』、『玄海』、『筑後風土記』が、五年ごとに團伊玖磨により作られたが、幹一郎はこれらの創作も支えた。


一九九七（平成九）年に石橋幹一郎が逝去した。久留米市名誉市民だったことから市民葬が行われた。会場の久留米体育館の祭壇には筑後平野を流れる筑後川が白い花で飾られ、故人の希望により混声合唱組曲『筑後川』のメロディーが流れるなか、四千人の市民が献花を手向けた。

石橋幹一郎の死は、私にとっても、強い決意となった。幹一郎から教わったことを大切にし、思いを継ぐ、末永く歌い続ける、これ以外に心に浮かぶものはなかった。私の胸に深く刻み込まれた初演の感動、尊敬する人の「志」に寄り添う気持ちが『筑後川』を語り継ぎ、歌い継ぐひとつの使命としてライフワークとなった。

3

初演の感動、喜びを多くの人に

『筑後川』初演の感動は、一生の宝物となった。

久留米での初演から二年後、一九七〇（昭和四十五）年三月九日と十一日の二晩、東京上野の東京文化会館小ホールで、『筑後川』東京初公演が行われた。その音楽評の執筆を久留米の地元紙から依頼された私は、「東京の筑後川」と題し冒頭部分にはこう書いた。

あの久留米での『筑後川』が初演されてから一年三か月―ブリヂストン・石橋社長の心遣いで、この初演の収録盤レコードが限定出版され、事あるたびに聴いては懐かしんでおりましたところ、團伊玖磨さんから『筑後川』の演奏会を東京で持つので出掛けて来ませんかとお誘い

管弦楽版『筑後川』東京初演、團伊玖磨指揮、新日本フィルハーモニー交響楽団
（東京文化会館大ホール、1980年1月19日）

を受けたのでした。

私は一瞬〈またあの感動〉が味わえると思いました。と同時に、あの合唱組曲の終曲で最強音で謳いあげられる祈りにも似た完結の部分の詩《うた》と感動溢れるフィナーレが頭をかすめました。

東京の会場では『筑後川』の前に『岬の墓』（堀田善衛・作詞）、『風に生きる』（石浜恒夫・作詞）の團作品が演奏された。二晩とも同じプログラムであった。

初演から一年も経たない一九六九（昭和四十四）年九月に『筑後川』の楽譜が出版されると、瞬く間に全国に広がった。日本の各地で『筑後川』が歌われるようになった。

團さんから「中野さんほど『筑後川』を聴いている人はいないんじゃないですか」と言われるほど、各地での『筑後川』コンサートには、仕事の合間を見つけて出かけた。一方で團さんからは、依頼されて指揮をとった『筑後川』コンサートのプログラムが送られてきて、私なりの『筑後川』の全国演奏記録集が出来上がっていった。これが後にずいぶんと役立つことになろうとは、この頃は思いもしなかった。

初演の感動の喜びは、私の心の奥深くに刻み込まれた。團さんの言葉と響きあうものがあった。

美しい音、素晴らしい音は、空から絶えず僕の頭の中、胸の中に鳴り続けた。独占するには、それらの音はあまりにも美しく、素晴らしかった。僕は音の花園を歩く幸福を、一人でも多くの方と分け合い、共有したかった。だからその音に定着して、僕たちみんなの財産にしようと作曲のペンを握り続けてきた。

（『青空の音を聞いた—團伊玖磨自伝—』日本経済新聞社刊より）

一人でも多くの人に『筑後川』を聴いてほしいという思いが私の中に膨らんだ。

4

河口に着いたら夕陽を背にして歌おう

二〇〇〇（平成十二）年、激動の二十世紀最後の年が明けた。六月末、私はブリヂストンを定年退職すると、混声合唱組曲『筑後川』を主軸とする「團作品」をプロデュースする組織「團伊玖磨さんの音楽を楽しむ会」を創設し活動を始めた。

九州をテーマにした作品が輪になっていくのが楽しみと語る團さんと北九州の田中種昭さん（團さんの親戚、北九州市「筑前　染と織の美術館」館長・故人）のお宅で話した時、田中さんが主宰する「團伊玖磨さんのお話を聞く会」と並行して「團伊玖磨さんの音楽を楽しむ会」をつくる相談をした。合唱組曲『北九州』や『西海讃歌』など團作品を歌い継ぐネットワークが目的で、久留米、八女《やめ》、柳川などに住む團さんの古くからの友人とも連携してやっていくという姿を描いていた。田中さんと柳川の立花民雄さん（「御花」社長・当時）が支えてくださり、私が「團伊玖磨さんの音楽を楽しむ会」代表に、妻の好子も協力してくれることになった。

第一回目のプロデュースは、柳川市民会館での團伊玖磨トーク&ミュージック「白秋のまち」の音楽会（二〇〇一年三月二十八日・柳川ふれあいコンサート実行委員会主催）に決まった。

日本の近代音楽百年の主役の一角が、山田耕作、北原白秋、團伊玖磨と位置づけしていた私は、二十一世紀の幕開けに「三人展」を開いてみたいと思っていた。三十年に及ぶ團さんとの関わりから、白秋の故郷、柳川でコンサートをやってみたいという團さんの心情も察していた。「白秋のまち」の音楽会は團さんと二人で名づけた。

「白秋のまち」の音楽会ポスター（2001年）

「白秋は自身の原点」と語る團さんは、白秋の詩集『邪宗門』を主題にした交響曲（第七番）を作曲していた。白秋の故郷でのこのコンサートは、きっと團さんの作曲を後押しするものになるだろうとの思いもあった。メゾソプラノ・天田美佐子、バリトン・勝部太、ピアノ・小谷彩子の出演で、山田耕作と團の作品二十一曲が歌われた。会場を和らげる團さんのソフトな語りから始まり、曲間に白秋の音楽の世界が語られていった。

コンサートを終えて、東京や九州各地から駆けつけてきた團さんの旧友、知人らが柳川の仲間たちと計らって料亭旅館「御花《おはな》」で励ます会を開いた。前年四月に和子夫人を亡くし團さんが少し力を落としているのを気遣ってのことであった。

集まった四十名近い人たちは、東京に戻ったら夫人の一周忌の法要が待っていることを知っていた。更に、前年六月から九か月間にわたり全国的に開催された《DAN YEAR二〇〇〇》という團さんのほぼ全作品を紹介する音楽史上でも稀なビッグ・フェスティバルが三月上旬に終了し、團さんがホッとしていることも感知していた。

当夜のコンサートの成功を誰よりも喜んでいた團さんは、作曲中の交響曲の他に、一九九七年の新国立劇場開館記念公演作品『建・TAKERU』に次ぐオペラも構想していること、五月には六十回目の訪中の旅に出て、北京での自作演奏会の打合せをしてくることなどを楽しく話した。後ろを振り返ることを好まず、どこまでも前を向いて走る持ち前の姿がそこにあった。

パーティーは、「團伊玖磨さんの音楽を楽しむ会」のお披露目ともなった。「白秋先生の詩に山田耕筰と私が作曲した作品は一晩のコンサートでは演奏しきれません。二年三年と続けて参りましょう」と柳川の聴衆に語りかけた團さん。團さんとの「夢の時間」が続く。その活動を今日ここに集まっているゆかりの人たちと一緒に続けていくと思えば、「團伊玖磨さんの音楽を楽しむ会」を創

「白秋のまち」の音楽会終了後、團さんを囲んで（柳川「御花」、2001年３月28日）

設してよかったと私はしみじみと思った。

その翌朝、團さんは交響曲第七番を来秋に九州交響楽団と佐世保で初演することを語った。前夜のコンサートの感想や、團さんの今後の活動を取材するために数名の記者が、柳川の「御花」に集まっていた。記者会見が終わって、筑後川流域コンサートのことについて團さんは私に語り始めた。

「良いホールがあるからそこでやるとか、上手な合唱団がある町だからそこでやるのではないよ。ホールがなければ川原の土手でもいい」

「河口は川の終わりではなく海へ向かう新しい門出」

「有明の海を経た筑後川の水はやがて、東シナ海で揚子江の水と合体する」

筑後川を東アジアの川ととらえた團さん

は、この作品を中国の地で演奏する日を楽しみにしていたようだ。

「来るもの拒まず、去るもの追わず。自由に参加してくださる皆さんと、全国の仲間たちと流域の人たちが和気藹々《あいあい》と一緒に歌えるように」

そして「五年後辿り着いた河口では、有明の海に沈む夕陽を背にして『筑後川』を歌おう」

福岡県大川市は筑後川の河口のまち。大川市の東隣《ひがしどなり》に柳川市が位置する。両市とも有明海に面し、すぐそこに筑後川の河口が見えていた。日頃から『筑後川』を歌っている大川市の合唱団の人たちも昨夜の「白秋のまち」の音楽会にたくさん来場していた。「夕陽を背にして歌おう」は、この日初めて聞いた言葉であったが、終章の標題「河口夕映」から夕映の二文字を削除した作詞の丸山豊さんへの思いからだったのだろう。

筑後川が有明海にそそぐ河口のまち大川市
中央の特徴ある橋（旧国鉄佐賀線の鉄橋・現在廃線）
は、大川市のシンボルの昇開橋

團さんの思いはすでに五年後の地へ飛んでいた。

5

地図のない道を歩く

混声合唱組曲『筑後川』全5章の標題に沿って五か年かけて筑後川を下るという、これまで誰もやったことがなかった流域連続コンサートが始まろうとしていた。團さんと共有できる夢は嬉しかったが、いよいよ私自身で腹をくくらねばならない時が来た。

全長一四三キロの筑後川は、熊本県小国町《おぐにまち》を源流とし、大分県、佐賀県を経て福岡県大川市の河口から有明海へ流れ込む。

なんとしても何があっても五か年は一度も欠かすことなく連続し、「小国」の初年度から五年後は「河口の大川」に辿り着かねばならない。源流と河口の町と各開催年は、動かすことはできないのだ。

第1章　みなかみ　　小国　二〇〇二年
第2章　ダムにて　　　　二〇〇三年
第3章　銀の魚　　　　　二〇〇四年
第4章　川の祭　　　　　二〇〇五年
第5章　河口　　　大川　二〇〇六年

毎年開催地を変えながら公演を続けるコンサートは容易ではない。主体組織、財政計画や聴衆動員等の推進体制も固めなければならなかった。

公演が赤字になったらどうするか、これを最初にはっきりしておかないと計画は進まないし、到底五か年を継続してやることはできない。しかも主催地が毎年異なり、毎回新しい開催地のメンバーとチームを組むことになる。いかにして信頼とリスペクトを勝ち取っていけるかが問われる。

結局、赤字が出た場合は、「團伊玖磨さんの音楽を楽しむ会」でカバーすることで腹をくくった。そのために

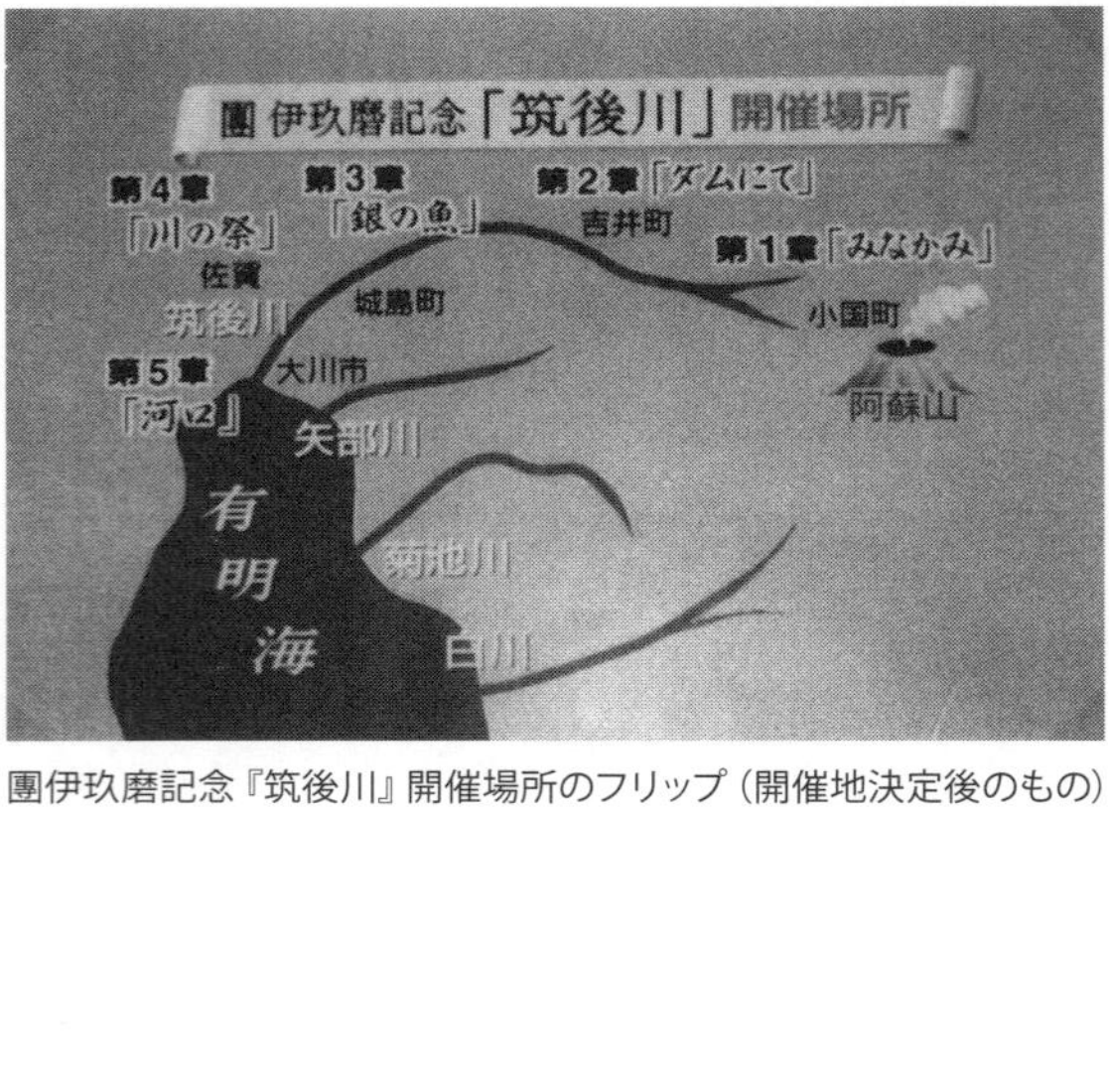

團伊玖磨記念『筑後川』開催場所のフリップ（開催地決定後のもの）

は「身の丈《たけ》経営」に徹することを誓った。誰もやったことのない五か年かけた長丁場。手本はどこにもない。「引かれたレールを走るより、自分のレールを走る」が、行き着いた決意だった。

幸い筑後川流域で『筑後川』を歌っている合唱団の把握はできていた。小国に近い上流域の合唱団を訪ねると、「『筑後川』はうちの合唱団の持ち歌です」と自慢げに話す合唱団ばかりだった。流域の仲間たちと『筑後川』を歌うという企画を喜んで歓迎してくれた。小国町に近い三、四の合唱団が主体となり、全国から参加する『筑後川』の愛唱者たちを迎えて、総勢七十〜八十名で歌うという全体像が描けるようになってきた。

流域を訪ねてまわる中で、團さんの足跡がのこる場面にも遭遇した。小国町では作曲中の團さんが来られたという話が今ものこり、大分県の日田《ひた》市には團さんが宿泊したという宿があった。筑後川だけに生息するというエツ漁を楽しんだ後、昼食をとった城島《じょうじま》町（久留米市）の食事処には、團さんの色紙がのこっていた。團さんは幻の魚エツを漁る男と女の姿を描く第3章に「銀の魚《うお》」として描いている。

プログラム構成は、
第一部　わがまちのうた
第二部　團伊玖磨作品を歌う
第三部　『筑後川』大合唱（指揮・團伊玖磨）

とし、およそ二時間のプログラム構成を考えていた。

團さんの指揮による『筑後川』大合唱の前に、参加合唱団による単独合唱、この中に團作曲の合唱曲を一、二曲入れるという、きわめてラフなプランを描き、後は團さんとよく相談して決めることにしていた。本番前の『筑後川』の練習指揮には、オペラ『夕鶴』などで團さんのアシスタントをつとめた石橋義也さんを團さんは予定しておられた。

6

遺志を継ぐ

團さんが亡くなったという知らせを受けた時、到底信じがたい思いだった。

一報が届いたのは、最初の開催予定地の熊本県小国町役場に向かう大分自動車道を運転中のことで、これから開催のお願いをしようと立ち上がっている時に、どうして死去の知らせを受けるのですか、と誰にぶつけようもなく自問した。この気持をどう訴えていいのかオロオロするばかりだった。手元には流域コンサートの企画書があった。

そして、つい一か月前に二人で名づけた「白秋のまち」の音楽会を福岡県柳川市で開き、舞台での團さんのトークを原稿化した冊子も完成し、團さんへ送る手筈《てはず》が整ったときで、一日でも早く送っておけばよかったと悔やんだ。

「先生、会いたかった白秋さんに会うことができてよかったですね。それとも、白秋さんへお別れを言いにいらっしゃったのですか」とひとり呟いた。

すべての予定を中止し久留米へ戻った。あまりにも突然の訃報に、その事実を心に受け止めることのできない気持が続いた。私に未だ経験したことのない衝撃と深い悲しみをもたらした。

ご遺体が中国から戻り五月十九日横須賀の自宅で通夜、二十日には密葬が執り行われた。團さんが白秋の音楽の世界や作曲中の『邪宗門交響曲』のことを舞台から語った「柳川」での「白秋のまち」の音楽会から、わずか五十日しか経っていなかった。

言いようもない淋しさの中、新聞社から頼まれた追悼文を、気力を振り絞って書いた。生前の業績を紹介し團さんの九州への思いを記した。


『筑後川』作曲三十周年記念コンサートはあくまで将来へ向けたステージにしたい。節目から新しい芽が出て更新されていく、そしてまた新しい芽に向かっていく。筑後川流域をゆっくり歩きながら全国の友と歌おう。(読売新聞・五月二十一日)

白秋の故郷・柳川での演奏会は團さんの六十年にわたる音楽生活最後のものとなった。團さんの遺体が置かれたすぐそばのピアノの上に、白秋の詩集『邪宗門』が静かに置かれていた。今度は筑後川の上流からずっと、全国の仲間と流域の合唱団と一緒に歌いたいね、と言われて

いたことが心に残る。（西日本新聞・五月二十三日）

いくら人間の命には限りがあると自分に言い聞かせても、悲しみや戸惑いは減らなかった。これからどうしようと思い、戸惑うことばかりだった。

新聞、テレビ、ラジオの追悼特集は悲しみをいっそう深いものとした。その中に「私たちは『筑後川』を歌い続けます」と流域の人たちの團さんを偲ぶ言葉があった。涙をぬぐいながら、私は前に進まなければと何度も思った。

二〇〇一（平成十三）年六月二十一日、護国寺本堂（東京・文京区）で團伊玖磨さんの葬儀告別式がしめやかに行われた。正面に飾られた遺影と対面すると「筑後川をゆっくり下ろう」と言っていた團さんの言葉が心に刺さった。

團さんがいなくなったなか、五か年かけてやり通さねばならない。思いを受け継ぎ、この道を力強く歩まねばならない。團さんの夢を継いで、共に歩むコンサート開催を決意した。確固たる決意と熱意を持って取り組むことを誓った。

「團伊玖磨記念」の冠名を付した企画書に改め、再び小国町の宮崎暢俊《のぶとし》町長を訪ねたのは七月十一日だった。

「團先生は、いつ頃がいいと開催時期についてお話しされておられましたか」

「みなかみの地というだけで、開催時期までは話が及んでいませんでした」

「小国町では文化の日をはさんで町民文化祭を開催していますから、その一環で来年やりましょう。小国の紅葉が一番美しい頃です」

わずか二十五分間の私のプレゼンテーションで、宮崎町長は小国町開催を決めてくださった。うれしかった。團さんの夢を応援してくれる人がいる。勇み立つ気持だった。

町長は担当者の河野孝一係長を私たちに紹介され、具体的な計画を進めるよう指示された。筑後川最上流の自治体のトップとして、流域の連携につながるコンサートに共感を抱かれてのものだった。多くの犠牲者を出した一九五三（昭和二十八）年の筑後川大水害から二〇〇二（平成十四）年が五十回忌にあたるため、追悼の意味を込め、改めて筑後川を見直す気持もあった。「團伊玖磨記念『筑後川』ＩＮ小国」は二〇〇二年十一月三日と決まった。

團さんは柳川での「白秋のまち」の音楽会の翌日、福岡市の桧原桜《ひばるざくら》（福岡市南区）に立ち寄られていた。

エッセイストでもあった團さんは、「アサヒグラフ」連載の『パイプのけむり』（一九七九年四月二十九日号、第一〇二九回）に、「ついの開花」と題し、伐採を免れた桧原桜のことを書いておられた。道路拡幅工事のため切られる運命にあった十本の桜。その存続を短歌にこめて枝に吊るした市民のこころは福岡市長の返歌となり、桜は伐採を免れたという物語。素晴らしい大和心は團さんのエッセイを通して国内外で評判となり、美しい心のドラマとして名物の桜となった。ちょうど桜の季節に開かれた「白秋のまち」の音楽会の帰路、團さんは福岡市長や地元の花守り会の招きで桧原桜と初対面をした。歓談の中で福岡市制一〇〇周年記念として委嘱され、團さんが作曲した合唱組曲『筑紫讃歌』（犬塚尭《ぎょう》作詞・一九八八年）の再演が話題となった。十二年前に初演され、その後再演の機会を失っていた。

團さんが亡くなり、追悼コンサートの計画が持ち上がった時、團さんと九州ゆかりの曲『筑紫讃歌』と『筑後川』を上演することになった。この二曲をそれぞれ二百名の大合唱団が九州交響楽団と共演する一周忌追悼コンサートはアクロス福岡シンフォニーホールで、二〇〇二（平成十四）年五月十二日に開催されることになった。

『筑紫讃歌』は福岡市を中心にした合唱団が編成され、『筑後川』は筑後川流域の合唱団を中心に編成された。『筑後川』合唱団には、大人の合唱団に混じって、卒業式で『筑後川』を歌う大川市立大川小学校の生徒や福岡教育大学付属久留米中学校の生徒、團伊玖磨作曲の「校歌」を持つ明光学園合唱部（大牟田市）の生徒も加わり、縁のある人たちが結集した。

私は『筑後川』合唱団の合唱指導者に、『筑後川』初演のピアニスト、中島政裕さんにお願いすることにした。固辞される中島さんに「縁のある人たちの思いが溢れるコンサートにしたい。團先

團伊玖磨一周忌追悼コンサート（アクロス福岡シンフォニーホール、2002年5月12日）

生の身近にいて得たものを合唱団に伝えてほしい、團先生の心を伝えてほしい」と懇願した。私の気持が通じ中島さんは涙を流して引き受けてくださった。

指揮者は現田茂夫《げんだしげお》さん（当時神奈川フィル常任指揮者）。オペラ『夕鶴』では團先生のアシスタントをつとめ、「DAN YEAR二〇〇〇」では、團作曲の交響曲や管弦楽曲を数多く指揮し、「團作品の演奏再現に、若手指揮者の中で最も信頼を得ている指揮者」と評価されていた。

團さんが『筑後川』の指揮をそろそろ誰かに引き継ぎたいと仰っていた頃だったか、團さんから電話があった。

「現田君が九州交響楽団との仕事で久留米に行くそうだから、『筑後川』のオケスコアを渡してください」

團さんから預かっていた『筑後川』の管弦楽版スコアを現田さんに手渡したのは、一九九九（平成十一）年一月十七日、九州交響楽団公演の指揮のため久留米に来られた時であった。

「團先生が中野政則さんを通して私に託された『筑後川』スコアで、追悼コンサートの指揮を執ることになるとは、運命的な思いすらします」と現田茂夫さんは、のちのインタビューで語っている。

團さんが亡くなって半年経った十月二十六日、團さんをしみじみ振り返ろうと、ＮＨＫ「ラジオ深夜便」特集「北原白秋と團伊玖磨」の番組が放送された。当日の聞き手は福岡放送局勤務時代に『筑後川』作曲三十周年記念コンサートの司会を務め、團さんと親しかった川野一宇《かずいえ》アナウンサー。そして語り手は私中野政則である。

詩聖・北原白秋の十一月二日の命日を前にした放送で、深夜の午前二時から四時まで二時間にわたる生放送。この年三月の「白秋のまち」の音楽会を柳川で開いた時のライブ収録音源を使い、幼少期から白秋を敬愛した團さんの白秋作品が紹介されていった。

このコンサートのプロデュースをした者として、私は團さんとの思い出を語った。九月に全国リリースされたばかりの『筑後川』ＣＤも紹介され、「團伊玖磨記念『筑後川』流域コンサート」が計画されていることまで話が及び、放送後たくさんの反響が寄せられた。

第一回目の「團伊玖磨記念『筑後川』流域コンサート」の場所と期日は決まったが、参加してくれる合唱団の人たちを募らなければならない。私は計画を広めるため、各地の合唱団を訪ね流域コンサートへの参加をお願いした。

東京、横浜、仙台、旭川、京都など、團さんが『筑後川』の指揮をした合唱団のプログラムを送ってくださっていたことが、ここで大いに役立った。私には、ブリヂストンの東京勤務時代に設けた自宅が東京の東村山市にあった。久留米から上京した時の宿舎代わりだったが、ここが北海道や東北、関東地方の合唱団を訪ねるときの拠点になった。

流域コンサートの指揮は、團さんの信頼の厚かった石橋義也さんに頼み、司会はＮＨＫの川野一宇アナウンサーにお願いし、引き受けて頂いた。

二〇〇二（平成十四）年の年明け早々、石橋さんを連れて筑後川流域を案内した。流域を巡る前に本間四郎さんの霊前にお参りした。久留米の医師で合唱指揮者の本間さんは「筑後川をゆっくり下ろう」という團さんの賛同者で私のよき相談相手であったが、病のため二〇〇〇年十二月に亡くなった。毎日新聞社から本間さんの評伝を頼まれた時、「久留米の太陽を失った」と書いた。『筑後川』を流域の合唱団へ広めた恩人でもあった。

二〇〇二年五月十二日の「團伊玖磨一周忌追悼コンサート」は、アクロス福岡シンフォニーホールに響いた。二百名の『筑後川』大合唱団の人たちは、歌い終わった後、團先生への感謝の色紙を

本間四郎さんの霊前にお参りした石橋義也氏（右）と著者（中央は宏子夫人）

残した。

この熱気を、この秋から始まる「團伊玖磨記念『筑後川』IN小国」へつなぎ、五か年かけた旅が続けられるよう、私は更なる決意を固めた。

第二章　標題に沿って川を下る五年

1

みなかみ

〈第1章〉熊本県小国町　２００２年

いまうまれたばかりの川
山の光は
小鳥のうぶ毛の匂《におい》。
若草と若葉のかさなりは
天へつづくみどりの階段。
阿蘇外輪の春。
溶岩の寝床で
いま生まれたばかりの川
すがすがしい裸の愛が

頬をあからめて歌いだす。（後略）

——丸山豊・作詞、混声合唱組曲『筑後川』より

いまうまれたばかりの川、『筑後川』はみなかみの地小国町《おぐにまち》から流れ始めようとしていた。

小国町役場の河野係長と私の作業は、まず会場を決めることから始まった。この町には、木造建築で有名な熊本出身の建築家、葉祥英《ようしょうえい》氏の建築設計による「小国ドーム」がある。バスケットボールの公式試合が同時に二面で行われる四千人収容できる国際級の体育館である。周辺の景観と調和した木造建物は音響も音楽的と評判が高い。オーケストラや声楽アンサンブルのコンサートも開かれてきた。ピアノは常設されていないが、セリ上がりの舞台があり八十人くらいの合唱団のステージには適当な広さである。

舞台後方には反響板を兼ねたガラス壁が張りめぐらされ、アリーナの客席から見える屋外の木々は風にそよぎ、阿蘇の溶岩と相まって緑が美しい。舞台に立つと涌蓋山《わいたさん》をはじめ阿蘇、九重《くじゅう》の山々が見える。私たちは、流域コンサートの第一歩を飾る会場を「小国ドーム」に決めた。

海抜六〇〇メートルの小国ドームから車で二〇分ほど下りたところに、温泉郷・杖立《つえたて》温泉がある。私はさっそく参加者のホテルを仮予約した。河野さんは、ホテルと小国ドーム間のバスの手配など、参加者に気を配った手配をテキパキと処理してくださった。

第一回目のコンサート会場が決まった後、地元の女声合唱団「コールはなみずき」は、さっそく『筑後川』の練習を始めた。彼女たちは『筑後川』を聴くことはあったが、女声合唱団なのでこの

曲を歌ったことはなかった。そのため、本番で指揮を執る石橋義也さんを同行し、この合唱団の練習指導に二度ほど出向いた。『筑後川』を一度は歌ってみたかったという杖立温泉で旅館を経営する穴井経雄さんも、合唱団の三十名の中に加わった。女声合唱団が、晴れて混声合唱団になった。

「コールはなみずき」の『筑後川』が仕上がりを見せた八月、「小国町」近郊の「竹田混声合唱団」、「日田市民合唱団」、「玉名市民合唱団」に呼びかけ、小国ドーム近くの町の研修施設・木魂館《もっこんかん》で合宿練習を行った。指揮者の石橋義也さんの指導によって、合唱団の結束と音楽のまとまりが徐々にできてきた。

石橋義也さんはその都度、東京から来て熱心に指導してくださった。ようやく全国からの合唱参加者を受け入れる地元の体制に見通しがついて、私はほっとした。

本番ひと月前、司会の川野一宇さんも「ラジオ深夜便」の取材を兼ね東京から駆けつけてきてくれた。第一回目の流域コンサート成功へ向け、合唱団や私たちスタッフの熱気が、一気に盛り上がっていった。

全国へ向けた「團伊玖磨記念『筑後川』流域コンサート」の案内は、「みなかみの地、小国町での『筑後川』を歌いに来ませんか」の呼びかけを全日本合唱連盟の機関誌『ハーモニー』に掲載することで始まった。

一方では、團先生の指揮で『筑後川』を歌った合唱団同志で声をかけ合い、参加者の輪が広がっていった。

「友よ、輪になってひとつのうたを歌おう。共に喜びを分かち合おう」、ベートーベンの「歓喜の歌」にも似た心と心の架け橋だった。小国町周辺の合唱団に加え、東京の世田谷や横浜からの合唱団、個人参加者を合わせると、なんと全国からの参加者は三二五名を数えた。すべて自費での参加にもかかわらず、これだけの人たちが集まってくれた。一度でいいから筑後川を見てみたい、作曲者の心に触れてみたいという人たちもいた。

計画を大きく上回る全国からの参加者による『筑後川』の合唱が、どんな音楽になるのか、心配がないわけではなかったが、東京、横浜の合唱団を訪ねてみると、まったくの杞憂に過ぎなかった。團伊玖磨の音楽を創る気持にあふれた仲間が結集し、素晴らしい練習成果を上げていた。團さんの音楽を愛し参加する人に加え、團さんのエッセイを愛読したことが『筑後川』を歌うきっかけになったという人たちもいた。「團さんの音楽は人をつなぐハーモニー」だった。

「参加者が多くなったら、リンゴ箱を並べてセリ舞台を増設しよう」と冗談交じりに話していたが、現実のものとなった。もっともリンゴ箱ではなく、近くのビール工場から借用した大瓶用ケースを並べ、小国杉の板を床面に張り合わせワイヤーで固定し、増設舞台を作り上げた。事前に強度検査をしたビールケースは六四〇箱に及び、横幅二〇メートル、五段のヒナ段、手づくりの三二五名用の舞台が見事に出来上がった。

『筑後川』大合唱の舞台作り
（ビールケースを固定した５段のヒナ段が完成）

予約したホテルは満杯となり、急遽《きゅうきょ》、町の研修施設・木魂館を解放してもらい、参加者を受け入れた。

流域コンサートのクライマックスに参加する『筑後川』合唱団三二五名全員がそろったのは、開会の前日である。ここから石橋義也指揮による全体練習が始まった。

ソプラノ、アルト、テノール、ベースの四つの声域（パート）で構成される混声合唱組曲『筑後川』。三二五名の参加者は、各自のパートを申し込み時に申告する。四つのパートの人員がバランスよく整うことがよい音楽を創りだす基本になる。團伊玖磨の合唱作品にはダイナミックさを要求される作品が多いが、『筑後川』では男声パートの力量が曲の成否を決定づける。中央に配置したピアノをはさんで男声パートが並ぶ。舞台下手（客席から向かって左側）にソプラノパートを、上手《かみて》にアルトパートを配列する。

混声合唱組曲『筑後川』前日リハーサルに集合した人たちは、二色のリボンを胸につけている。

合唱団の人は緑色、個人参加者は赤色のリボンである。

オリエンテーションが始まり客席に待機している合唱団の紹介、発声練習を終えて最初に行うのが舞台配列だ。あらかじめ参加者に送られていた「舞台配置図」に基づいて参加者が舞台に並ぶ。赤リボンをつけた遠来組の個人参加者を包むように両端には地元合唱団が並ぶ。「遠くからようこそいらっしゃいました」という歓迎の心をあらわす。指揮者が見やすいように前列の人との背丈《せたけ》などを考慮して入れ替えを終え、全員の定位置が決定した。

すると合唱団員の背筋がピンと伸びて、舞台には緊張感がみなぎり「歌うモード」へとスイッチが切り代わる。

ピアニストと指揮者が登場し、『筑後川』の全体練習が始まる。『筑後川』全5章の章間に休憩時間をとる。地元の合唱団の人たちは、赤リボンをつけた参加者に「どちらから来られましたか」と積極的に声をかけ、一気に参加者の和やかさは増していく。明日の本番へ向けたフレンドリーな仲間意識が結集され、ひとつの大きな和となっていく。

前日リハーサルで『筑後川』全章の仕上がりを全員で確認し合い、明日の本番への夢が広がる。そしてこの時の前日練習のパターンが、その後のモデルになった。

八つの合唱団、個人参加者を合わせ、総勢三二五名による「團伊玖磨記念『筑後川』ＩＮ小国」は、二〇〇二年十一月三日、小国ドームで幕を開けた。

「『筑後川』を作曲した時のように上流からずっと歩きながら、流域の合唱団と全国の仲間がひとつになって歌おう」という團さんの夢が歩き始めた。

この日小国には、珍しく雪が舞った。「紅葉が最も美しい時期に雪が降るなど、これまで一度もなかった」と宮崎町長。暖房設備のない小国ドームに、たくさんのストーブが持ち込まれ、町の人たちの温かい思いやりが会場に並んだ。

開会冒頭には前年の五月、中国・蘇州で急逝した團さんと、昭和二十八（一九五三）年の筑後川大洪水で犠牲になった五三名を悼み、全員で黙祷を捧げた。

第一部が始まると、地元の女声合唱団「コールはなみずき」による『火のくに讃歌』、「あまぎあさくら歌う会」（福岡県甘木市）による『あさくら讃歌』など、わが町の歌が歌われ、小国の保育園児らが團さん作曲の『ぞうさん』、『おつかいありさん』を元気いっぱいに歌った。

第二部の「團伊玖磨作品を歌う」では、混声合唱組曲『筑後風土記』を「矢部川を歌う会」（八女市）が、混声合唱組曲『大阿蘇』を「東洋大学混声合唱団」（東京）が熱唱した。

フィナーレの第三部は、石橋義也の指揮で参加者三二五名の大合唱団が『筑後川』全章を合唱し、会場は鳴りやまぬ拍手に包まれた。

舞台中央に掲げられた團先生の肖像写真に「先生、一年目が成功のうちに終わりました」と手を合わせ心の中でさけんだ。

参加者は、わが心の歌を歌っているように思えた。『筑後川』を歌い終えた三二五名の合唱団が

コンサートのクライマックス、325名による『筑後川』大合唱
（熊本県小国町・小国ドーム、2002年11月3日）

感激の中にいる。何度も呼び出された指揮者の石橋義也さんは、團さんがコンサートのアンコール曲として、いつも指揮していた『花の街』を、会場の聴衆と共に歌った。

引き続き閉会式。石橋義也さんが講評を述べ、来年の再会の呼びかけをした。実行委員長の宮崎町長は「流域連携の礎に筑後川コンサートがなるように祈る」と挨拶し、両手に抱えた木製の板を会場に向けてかざした。「五か年かけて『河口』に辿りつくことを切に祈りながら『みなかみ』の小国町からこのバトンを託します」と言葉を続けた。

なんの打合せもない、いきなりの演出に戸惑いながら、私は袖から駆け寄り、木製のバトンを仲介し、「みのう音楽祭『筑後川』を歌う会」（福岡県吉井町）の藤谷隆さんに受け取ってもらった。

「バトン」には、「第1章・みなかみ　二〇〇二年十一月三日熊本県小国町」と刻印がされていた。第2章から第5章までの標題が刻印され、開催地と開催日を刻印するための余白が用意してあった。

東京から参加してくれた宮下やしほさんは歌い終わった後、こう話した。

「ご存命中の頃より亡くなられてしまった今の方が團先生のことをより多く知ることになるとは皮肉なものだと思います。生きていらっしゃるうちにお会いできていれば、どんなに素晴らしかったでしょう。私たちは先生の思いを継いで五か年かけて歌い継いでいきます」

下関市から参加の久保田紀子さんは、

「『筑後川』の楽譜を手にしたのが今年三月五日でした。所属する合唱団の指揮者の先生に指導を受け、CDを何度も何度も聴きながら個人練習を重ねました。三二五名の合唱は忘れることができません。フィナーレは、涙で歌うことも十分できませんでした。これから五年体力の続く限り歌い続けます」とそれぞれに来年のステージを思い描いて帰途についた。


「團伊玖磨記念『筑後川』IN小国二〇〇二」は大成功のうちに終った。しかしその一方で私は、「重い荷物を背負い坂道を登るが如し」の諺《ことわざ》のように、ズシリと肩にのしかかるものを感じないではいられなかった。後日、小国町の宮崎町長からいただいた手紙にはこう書いてあった。

「筑後川の『みなかみ』小国から川に沿って旅立ち、やがて有明の海『河口』へ辿るという團さんの夢は、きっと中野さんの夢でもあったのでしょう」

閉会式で宮崎町長（右）から木製のバトンを受け取る藤谷隆さん（中央）

小国町から託された木製のバトン
（写真は全開催地が刻印された5年後）

宮崎町長（中央）と
川野アナウンサー（右）と著者（左）

2

ダムにて

〈第2章〉福岡県浮羽郡吉井町（現うきは市吉井町）2003年

いそいそと瀬を走り
青葉をくぐり若葉をくぐり
もだえてみぎに左にうねり
愛の水かさがふくらんだところで
非情のダムにせきとめられる。（後略）

――丸山豊・作詞、混声合唱組曲『筑後川』より

前年、小国町の閉会式で司会をしていた私は、席の最前列にいた「みのう音楽祭『筑後川』を歌う会」（福岡県吉井町）の藤谷隆さんに、小国町宮崎町長からの木製のバトンを受け取ってもらった。宮崎町長からのバトンの受け渡しは、まったくのハプニングであった。藤谷さんがきょとんとして

バトンを受け取ったのは当然のことだった。

小国町の後片付けを済ませ、翌二〇〇三年早々、私は福岡県浮羽《うきは》郡の吉井町役場の矢野幸次郎町長を訪ねた。

終わったばかりの閉会式での一連のハプニングを話し、協力を求め二年目の開催のお願いをした。実は、以前から第2回目の開催地は、ここ吉井町にしようと密かに決めていた。

「いつかは吉井町でお引き受けするつもりでおりましたが、二年目の開催とは、ちょっと早かったですね」

夫妻そろって自らも合唱愛好者である矢野町長は、温かい眼差しを向けてくださった。

ふと見ると、先日藤谷さんに渡したバトンが、町長室の片隅に立ててあった。

吉井町は、南に耳納《みのう》連山、北には阿蘇から流れ出た筑後川を抱える山紫水明《さんしすいめい》の町。縄文、弥生時代から人々が暮らし装飾古墳が多くある。江戸時代には宿場町として栄え、白壁土蔵の町、フルーツの町、また「お雛様巡りの町」として知られた町である。

近くには筑後川に最初に築かれた「夜明けダム」があり、「愛の水かさがふくらんだところで非情のダムにせきとめられる」と歌われる第2章の舞台である。昔から合唱の盛んな町で、全5章から成る混声合唱組曲『よしい讃歌』は、この町の文化財として歌われ続けている。作曲は安藤由布樹、詩は公募により町民の作品が選ばれ、吉井町文化会館で一九九八（平成十）年に初演発表された。

この曲の作曲委嘱の中心メンバーで、福岡県立浮羽高等学校音楽教諭（当時）の田中玲子先生は、学校の合唱団顧問の他に地元の混声合唱団、女声合唱団を指導していた。前任の同校音楽教諭だった宮原美佐子先生（故人）もこの町に住み、後輩の面倒見がよく、退職後は合唱団の一員として歌っておられた。これらの人々は、『筑後川』の愛好家で、浮羽高校ＯＢ合唱団、合唱団「翼」、ハーモニー「花梨」の三つの合唱団がひとつになり、歌い継ぐ活動を続けてきた。

「團伊玖磨記念『筑後川』ＩＮ吉井二〇〇三」は、二〇〇三（平成十五）年十月十八日（土）、十九日（日）福岡県吉井町文化会館で開かれた。なんと参加者は更に増えて四百六十人を超えた。これだけの人数になると、一回のステージでは登壇しきれない。そこで午前の部と午後の部に分けて、一日二回公演にすることにした。第一部と第二部のそれぞれの後、二百三十名ずつが、『筑後川』を石橋義也指揮のもと合唱した。

この年は、前日コンサートも開かれた。ここでは、福岡教育大学附属久留米中学校の在校生と卒業生二百四十名による『筑後川』全章が、古川敏子先生の指揮で演奏された。同校では三年間の中学校生活を筑後川の流れにたとえ、入学式には三年生が、第1章「みなかみ」を合唱して迎え、卒業式には、在校生が、第5章「河口」を歌って送っている。『筑後川』を歌い始めたのは一九七五（昭和五十）年と早く、團さんが亡くなり一周忌追悼コンサートが行われた二〇〇二年には、代表

福岡教育大付属久留米中学校240名による
『筑後川』全章の大合唱（2003年10月17日）

五名が、福岡アクロスホールで現田茂夫指揮二百名の『筑後川』合唱団に加わり、九州交響楽団と共に歌った。

久留米中学校の合唱が終わってすぐ、ステージに大分県豊後高田市立河内《かわち》中学校の生徒が合流した。河内中学校でも二十年前から、第5章「河口」を歌い続けている。現在の教頭久次《ひさつぐ》先生が音楽教諭として赴任して以来のことで、機会をとらえては子供たちと一緒に歌ってきた。

前年NHK「ラジオ深夜便」で「『筑後川』IN小国」が特集され、放送を聴いた久次先生は「すぐ近くでこのようなすばらしい催し物があるならぜひ参加したい。豊後高田市の子供たちの歌も皆さんに聞いてもらいたい」と、この日が来るのを心待ちにしていた。久留米と河内の中学生たちの澄んだ歌声が会場に響き渡り、『筑後川』が持つ幅の広さ、奥の深さを改めて感じさせた。

評判を聞いて、岐阜県海津町、青森県のむつ市、北海道の札幌からも中学校の先生方が下見に来られていた。

十月十九日（日）のコンサートの第一部「わがまちの歌」は、『よしい讃歌』で幕を開けた。続いて「日田市民合唱団」（大分県日田市）、「あまぎあさくら歌う会」（福岡県甘木市）、「城島町女声合唱団」（福岡県城島町）の筑後川流域の合唱団が、地元の歌を披露。

第二部「團伊玖磨作品を歌う」では、八女地方の自然をたたえた『筑後風土記』を八女市の「矢部川を歌う会」が歌い、團さんの処女歌曲集から「さより」などを、「みのう音楽祭『筑後川』を歌う会」女声コーラスが歌いあげた。午前の部のクライマックスは、『筑後川』の大合唱。石橋義也の指揮で、流域の合唱団と全国からの参加者二百三十名の歌声がひとつになった。

ＮＨＫアナウンサー川野一宇さんの軽妙な司会に導かれて、コンサートは午後の部へ。熊本県小国町の「コールはなみずき」、福岡県小郡市の「小郡混声合唱団」、佐賀県鳥栖市の「鳥栖市民合唱団」が、「わがまちの歌」を歌った。続く「團伊玖磨作品を歌う」では、『ぞうさん』、『おつかいありさん』など團さんの童謡を「大川児童合唱団」（福岡県大川市）が元気いっぱいに歌い、東京から参加の「シュタインブリュッケ合唱団」が、混声合唱曲『岬の墓』を歌った。最後のフィナーレでは、午後の部に出演した合唱団と個人参加者二百三十名が『筑後川』を熱唱した。

「わがまちの歌」を歌う合唱団は、わがまち以外のところで歌うのは初めてのこと。故郷讃歌の歌声は新鮮な響きとなり、聴く人、歌う人両者に喜ばれたようだった。

ブザンソン国際指揮者コンクール二位の実績を持ち、團伊玖磨のオペラ『夕鶴』を三〇回実演指揮している石橋義也さんは、『筑後川』を丹念に仕上げていった。合唱団はその思いを吸収し『筑

團伊玖磨記念『筑後川』IN吉井（福岡県吉井町文化会館、2003年10月18・19日）

後川』は完成していった。

この日の会場で、團伊玖磨作曲の『六つの子供の歌』（北原白秋作詞）から「さより」、「秋の野」、「からりこ」の女声合唱曲が初演された。萩原英彦編曲の三曲は、二〇〇一年三月、團さんを迎えての柳川市での「白秋のまち」の音楽会で、地元合唱団によって歌われるはずだったが、團さんの健康がすぐれなかったため見送られていた。團さんは直後の五月に中国で死去。そして萩原さんも後を追うように十月に亡くなった。

二人の音楽家が、自分の耳で確かめる機会のなかった女声合唱曲が、ようやく日の目を見た。

「人の命は滅びるが作品は何百年も歌われ生き続ける」と言っていた團伊玖磨さんの言葉を、二人の音楽家の作品が蘇った時改めて思った。と同時にそのための役割を担っていこうと思いを新たにした。

3

銀の魚

〈第3章〉福岡県三潴《みずま》郡城島町（現久留米市城島町）２００４年

しずかに　しずかに
楠の木かげを漕ぎ出した
川の男のたくましい胸板。
あたらしい　棹《さお》を入れる
川の女の　清らかなうなじ。
朝の川面《かわも》に　投網《とあみ》がふくらむ。
さざなみが湧く。　さざなみがひろがる。
深い川の深い心の　いきのよい魚《うお》をとらえるのだ。
朝日にはねよ銀の魚《うお》。（後略）

――丸山豊・作詞、混声合唱組曲『筑後川』より混声合唱組曲『筑後川』第3章で歌われる「銀の魚」とは「エツ」のことで、「斉魚」の字があてられる。エツはカタクチイワシ科の海魚で、夏になると有明海から産卵のため川をさかのぼってくる。銀色をした体長二〇～四〇センチの細身の魚だ。筑後川の河口近くでしかとれない魚といわれる。

一九六八（昭和四十三）年の初夏、『筑後川』の曲想を練っていた團さんは、筑後川に浮かべた漁師の操るエツ舟に乗せてもらってエツ漁を楽しんだ。エツを一度見てみたいと思っていた團さんは、演奏指揮のため北九州に来ていた合間を縫って、筑後川に舟を浮かべることを思い立った。連絡を受けた私は、久留米発祥で東京にある九州郷土料理店「有薫酒蔵《ゆうくん》」店主の高山亀雄さん（故人）に頼み、エツ舟を手配してもらった。高山さんは城島町の出身で、知人も多かった。

漁師がとったばかりのエツに青じそを添えた刺身が特に美味だった、と團さんは連載中の「アサヒグラフ」の随筆『パイプのけむり』に「エツ」の題で書いている。銀色に輝くエツを初めて見て、食し、ひらめきを受けて『筑後川』を書き始めたようだった。「アサヒグラフ」の二週にわたるこのエッセイからもそのことが読み取れる。曲想を育んだ舟上の滋味だったと言える。

「團伊玖磨記念『筑後川』ＩＮ城島二〇〇四」は、「水」をテーマにした第十九回国民文化祭ふくおかのファイナルコンサートとして催された。席数五百名の会場は、「ようこそいらっしゃい」の意味を持つ「インガットホール」。『筑後川』を歌う参加者は、更に増えて六百名となり、なんと午前の部、午後の部、夕方の部の一日三回公演となった。

筑後川河畔に多くの酒蔵が立ち並ぶ城島町は、古くから酒造りの町として知られる。筑後川の良質な水の恵みを受けて銘酒が生まれていた。人口一万五千人の町で、間もなく「平成の大合併」により、上流に隣接する久留米市と合併することになっていた。

佐藤利幸町長は、「町として最後の大きな行事、町民の心に残るコンサートにしたい」と語り、町立の小、中学校五校の校歌を合唱するアイディアをもっておられた。佐藤町長の積極的なアプローチと町の教師、文化関係者で構成した実行委員会で、スムースに事が進行していった。

私は、筑後川が歌いこまれた校歌を第一部「わがまちの歌」に据えることにした。学校風景がナレーション付きの映像でスクリーンに映され、杜氏《とうじ》が歌う『筑後酒造り唄』と共にふるさと讃歌として歌われた。

引き続き「午前の部」では、「八女グリーンクラブ」、「大川グリーンハーモニー」、「大川児童合唱団」が「わがまちの歌」を披露した。第二部「團伊玖磨作品を歌う」では、「八女混声合唱団」が混声合唱組曲『筑後風土記』を歌った。

「午後の部」の第一部「わがまちの歌」は、「みのう音楽祭『筑後川』を歌う会」、「あまぎあさくら歌う会」、「鳥栖市民合唱団」が故郷讃歌を披露した。第二部「團伊玖磨作品を歌う」では、交響

團伊玖磨記念『筑後川』IN城島・午前の部
(福岡県城島町インガットホール、2004年11月7日)

團伊玖磨記念『筑後川』IN城島・午後の部(同上)

團伊玖磨記念『筑後川』IN城島・夕方の部(同上)

詩『伊万里』を「伊万里合唱団」が、八女上陽町の合唱団が混声合唱組曲『長崎街道』を歌った。
「夕方の部」の第一部「わがまちの歌」では、「コールはなみずき」(熊本県小国町)、「小郡混声合唱団」、「大牟田グリークラブ」がそれぞれ故郷讃歌を歌い、第二部「團作品を歌う」では、地元の「城島町少年少女合唱団」が、團伊玖磨童謡集、そして東京から参加の「江戸川混声合唱組曲『川のほとりで』(江間章子作詞)全章を歌い上げた。

流域の合唱団と全国からの参加者六百名は、午前の部、午後の部、夕方の部の三公演に分かれて、混声合唱組曲『筑後川』を高らかに歌い上げた。

コンサートの本番を間近に控えていた八月、思いがけない大きなアクシデントが襲った。『筑後川』の指揮者石橋義也さん(元東京フィルハーモニー交響楽団指揮者)が、六十五歳の若さで急逝されたのだ。

銀の魚、エツを見てみたいと、この年の六月に東京から城島町へ姿を見せた石橋義也さんは、『筑後川』を歌う地元の合唱団との練習を終え、筑後川に浮かべた小舟でエツ漁を楽しんだ。

まさかの急死であった。合唱団の仲間と共に、東京での葬儀に参列し冥福を祈った。

なにはともあれ、三か月後に迫った『筑後川』の後任指揮者を決めねばならなかった。團さんの一周忌追悼コンサートの指揮をつとめた現田茂夫さんは、海外オペラ来日公演の指揮が、「城島コンサート」と同一日に横須賀で予定されていた。私は「團伊玖磨一周忌コンサート」のアクロス福岡の会場に駆けつけ合唱団の一員として、『筑後川』を歌った作曲家の山本純ノ介さん（ヒゲの山本直純さんのご子息）を指揮者に決め、東京・渋谷でお会いし快諾を得ることができた。

私は、コンサートのプログラムに、石橋義也さんの追悼記事を掲載し、開会の前に全員で黙祷を捧げ、冥福を祈った。石橋義也さんが、作曲の團伊玖磨さんに代わって初演の指揮をした交響詩『伊万里』（團伊玖磨作曲、片岡繁男作詞）が、「伊万里合唱団」によって演奏されたが、この曲が追悼曲となった。

コンサートのフィナーレの『筑後川』の大合唱は、作曲家の山本純ノ介さんの指揮であったが、感動あふれる音楽となった。

第一部　わがまちの歌
第二部　團伊玖磨作品を歌う
第三部　『筑後川』大合唱

三部構成のプログラムを小国、吉井、城島と続けてきたが、三年目になってやっと形が確立されたように思う。

当初から、プログラム構成には、「三つの目」が大切だと思ってやってきた。

まずは自分がこうあるべきだと思う「中野構想」をつくる。開催テーマ、構成、演奏曲目を組み立てる。曲目を録音した「デモテープ」を作り、何度も聴いて修正する。これが第一の目だ。これは本番一年前から取りかかる。

次に「中野構想」をもって、現地でプレゼンテーションに臨む。地元の人たちと意見を交わす。開催地の首長が、その真ん中に入ることもある。ここが第二の目になる。真正面から考えが違うこともたびたびある。厳しい修正も寄せられる。

そして最後が、最も重要な、全体を俯瞰《ふかん》する「第三の目」だ。聴いてくださるお客さんの目である。友人や仲間の意見はもちろん、音楽に詳しいメディアの人たちからも忌憚のない意見をもらう。


こうして、三部構成のプログラムが確立できたのである。

一方では、「本番はわずか一日なのに、どうして計画に一年もかかるのだろう」と、自問することもたびたびだった。開催地が毎年変わるので、そのたびに開催テーマに沿った演奏会の構想を考えなければならない。テーマに合わせた出演合唱団を考え、楽譜を携えて出演交渉に駆け回り、練習に立会う等々の準備を進めていると、すぐに時間は経ってしまう。毎日休むことなく一年中回転し続ける日が続く。自問自答したうえで「費やした時間が成果への実を結ぶ」と信じるしかなかった。

4

川の祭

〈第4章〉佐賀県佐賀市　2005年

祭よ
川を呼びおこせ。
とっぷり暮れた大きな川へ
太鼓をたたけ。
一千匹の河童よさわげ。
どどん　どどん
どどん　どどん（後略）

——丸山豊・作詞、混声合唱組曲『筑後川』より筑後川流域は團さんとゆかりの深い地域だが、なかでも佐賀は、『佐賀県民の歌』をはじめとして、『若楠国体行進曲』、『佐賀国体の歌』、『行進曲・伸び行く佐賀』、『合唱組曲・唐津（全7章）』、『交響詩・伊万里』、『佐賀大学付属幼稚園園歌』、『東明館高校校歌』、『白石農協の歌』と「團作品」が数多く残るまちである。

唐津の陶芸家、中里太郎衛門さんの技術を記録した映画の付帯音楽も、團さんの作曲である。しかしこれらの作品が、広く知られ歌い継がれているとは言い難かった。

第4章「川の祭り」には、たくさんの河童が登場し賑やかに祭りを演じるのだが、水辺の多い佐賀市にも河童伝説が数多く残っている。

佐賀と筑後川のかかわりに、秦の始皇帝から不老不死の霊薬を探すよう命じられ来航した徐福《じょふく》一行が、筑後川の下流諸富町に上陸し、不老不死の薬を求め佐賀市北部の金立山《きんりゅうざん》に向かったという歴史とロマンを感じる「徐福伝説」もある。流域コンサート実行委員会副委員長の村岡麻央さん（故人）は、徐福会の活動に熱心で、團さんを講演会に招聘《しょうへい》した時から親しくしておられた。

「團伊玖磨記念『筑後川』ＩＮ佐賀」は、二〇〇五（平成十七）年十月二十三日、佐賀市文化会館中ホールで開かれた。個人参加者は、九州以外にも神戸、大阪、東京と各地から新たに参加者が増え、筑後川流域の合唱団と合わせ総勢七百名となった。

比較的大きな佐賀文化会館中ホールでも、コンサートは一回ではこなせず、午後の部、夕方の部の一日二回公演となった。

午前の部の第一部「わがまちの歌」では、前記の佐賀ゆかりの團伊玖磨作品を「鳥栖市民合唱団」、「東明館中・高校合唱部」など佐賀県の合唱団が合同で歌った。

一九七六（昭和五十一）年の『園歌』の初演奏で、自らピアノを弾き、園児と一緒に歌う團さんの姿や、七四（昭和四十九）年『佐賀県民の歌』の発表会では佐賀出身のバリトン歌手栗林義信と共に歌う團さんの写真が紹介された。

記念講演会で作曲者團伊玖磨先生の伴奏で歌う
（佐賀大学付属小学校講堂1975年）

第二部「團伊玖磨作品を歌う」では、混声合唱組曲『筑後風土記』が「八女混声合唱団」で歌われた。

第三部混声合唱組曲『筑後川』大合唱は、現田茂夫の指揮により二百四十名が歌った。

この「佐賀」から『筑後川』大合唱の指揮は現田茂夫となった。国内外公演の指揮で多忙だったため、これまでスケジュールが合わずに実現していなかった。

合唱団のメンバーとは、二〇〇二年のアクロス福岡シンフォニーホールでの「團伊玖磨一周忌追悼コンサート」で共演しており、気心の知れた関係だった。

午後の部は、第一部「わがまちの歌」を「みのう音楽祭『筑後川』を歌う会」（うきは市）、「小郡《おごおり》混声合唱団」、

「大川グリーンハーモニー」、「大川児童合唱団」、「竹田混声合唱団」が歌った。第二部「團伊玖磨作品を歌う」では「シュタインブリュッケ合唱団」(東京)が混声合唱組曲『海上の道』全曲を合唱した。第三部『筑後川』大合唱は、二七三名による歌声が響いた。

終了後、実行委員会の村岡麻央さんらは、コンサートで歌われた團さんの「佐賀のうた」をCD制作し、県内の図書館や学校に贈った。佐賀県のホームページを開くと、團伊玖磨作曲の『佐賀県民の歌』を聞くことができる。「『筑後川』IN佐賀」のコンサートで収録された音源である。團伊玖磨作曲の「佐賀のうた」で、未発表の作品に合唱組曲『唐津』(栗原一登作詞)があった。一九八二(昭和五十二)年に唐津市制五十周年記念として委嘱、作曲された『唐津』は、演奏されることなく眠ったままになっていた。「佐賀会場」で、この作品が演奏されるよう唐津市に何度もお願いしたが、実を結ばなかったのは残念だった。

佐賀県の県庁所在地、佐賀市での『筑後川』コンサートの開催は、最初からつまずいた。佐賀市文化会館を会場とするので同市の協力を求めるため、アポイントメントを取って、実行副委員長の村岡麻央さんと佐賀市役所を訪れた。

どの町でもそうだが、團伊玖磨という名前も『筑後川』という作品も知らない方がおられるのは当然のことだ。その土地と團さんや作品の「ゆかり」を認識してもらい、開催への協力を得るには、適切なプレゼンテーション資料を持参し、熱意をもって話をすることが大切だった。

團伊玖磨記念『筑後川』IN佐賀（佐賀市文化会館中ホール、2005年10月23日）

「筑後川ですか……。ウチは嘉瀬川《かせがわ》の流域にあり、筑後川とは関係ありません」

面会した担当者は資料をほとんど見ることもなく断られた。落胆して帰路についた。

後日、村岡さんは佐賀県庁へ私を連れて行ってくださった。お目にかかった幹部の方は、「建設省に入省し、初任配置で筑後川河川事務所勤務を命じられ、赴任した久留米で『筑後川』の初演を聴きました」

あの初演を聴いた人と、このような場所で出会うとは思いもよらないことだった。

建設省からの出向で来ていたこの方は、『筑後川』に感激した若い日の思い出を語り、「佐賀開催」の協力を約束してくださった。「佐賀」公演が終了した後も、「赤字になりませんでしたか」と気を配ってくださった。まさに捨てる神あれば救う神あり、である。

5

河口

〈第5章〉福岡県大川市　2006年

終曲《フィナーレ》を　こんなにはっきり予想して
川は大きくなる　終曲《フィナーレ》を華やかにかざりながら
川は大きくなる　水底のかわいい魚たち
岸辺のおどけた虫たち　中洲のかれんな小鳥たち
さようならさようなら　川は歌うさようなら
紅の櫨《はぜ》の葉　楠の木陰　白い工場の群よ
さようならさようなら　川はうたうさようなら
筑後平野の百万の生活の幸を　祈りながら川は下る
有明の海へ　筑後川筑後川　その終曲《フィナーレ》あゝ

――丸山豊・作詞、混声合唱組曲『筑後川』より

「五年かけて筑後川を下り河口に辿り着いたら、有明の海に沈む夕陽を背に『筑後川』を歌おう」

『筑後川』作曲の打合せをする團伊玖磨（左）と丸山豊（右）
（久留米石橋迎賓館、1968年）

二〇〇一（平成十三）年三月二十九日、柳川市での「白秋のまち」の音楽会の翌朝、團さんが私に言い残した言葉だった。

私は、頑《かたく》ななほどにこの言葉を守ろうと心に決めていた。

作詞の丸山豊さんは、混声合唱組曲『筑後川』に「大いなる愛の川」の副題を付し、終章を「河口夕《ゆう》映《ばえ》」の標題とした。川の一生は夕映の有明海に注ぎ終わるとした。

團さんは「川は河口で終わらない、海へ向かう新しい門出・みなかみである」とし、「夕映」の二文字を削り「河口」として、第1章「みなかみ」の冒頭の旋律を再現し、壮大なフィナーレに仕立てた。

「有明の夕映を背にして歌いたいね」と話す團さんの言葉を、私はすでに亡くなっていた丸山さんへの配慮と受け止めた。しかし團さんもその一か月余り後に急逝した。河口と夕映をセットにしたコンサートは、日の目を見ることはなかった。團さんの言葉は、團さんと私との約束事のように思えてならなかった。

筑後川の水源の地、熊本県小国町、福岡県吉井町、城島町、佐賀市と歌い継いできた「團伊玖磨記念『筑後川』流域コンサート」は五年目の最終年を迎えた。

團さんと親しく交わりがあり、国民栄誉賞の古賀政男の生誕地でもある大川市は、「古賀メロディー」を歌い継ぐまちとして広く知られていた。開催テーマ「歌い継ぐ」のもと、最終年は「筑後川昇開橋《しょうかいきょう》夕陽コンサート」から始まった。

大川市文化会館でのコンサートの前日、二〇〇六（平成十八）年十月二十一日夕刻、大川市の筑後川河畔《かはん》に、二百五十名による『筑後川』合唱団の歌声が響き渡った。晴れた秋空を背景に、大川市のシンボルの昇開橋（国指定重要文化財）の向う、有明海の干潟の彼方に、今まさに夕陽が沈もうとしていた。河畔には、コンサートの参加者を上回る数の人たちが、まわりを囲み、各楽章が終わるたびに大きな拍手が起こった。

翌日は、いよいよ本番である。今回も北海道旭川をはじめ東京、大阪、神戸、広島など、全国各地から多くの個人参加者が集い、流域の合唱団と合わせ六五〇名による團伊玖磨記念『筑後川』と

筑後川昇開橋夕陽コンサート（大川市筑後川河畔、2006年10月21日）

なった。

五年前「小国」の参加者が三二五名だったが、「大川」ではそのちょうど二倍の参加人員になっていた。この数字の合致は、まったくの偶然だった。六五〇名が二組に分かれ、午後の部、夕方の部の舞台で、指揮者現田茂夫のもと『筑後川』を歌った。

午後の部の第一部「わがまちの歌」は、「大川児童合唱団」、「大川グリーンハーモニー」、「桐の花女声合唱団」、「大川男声合唱団」、「ハーモニーコスモス」の地元合唱団が、「古賀メロディー・ギターアンサンブル」の伴奏で「古賀メロディー」を歌い、長年にわたる歌い継ぐ世界を披露した。その後、「小郡混声合唱団」、「鳥栖市民合唱団」、「コーロアンジェリカ」（佐賀市）、「みのう音楽祭『筑後川』を歌う会」（うきは市）が、筑後川流域の故郷讃歌を披露。

第2部「團作品を歌う」では、「佐世保市民合唱団」の『西海讃歌』、「合唱団めのう」（福岡市）のピアノと女声合唱による『燕の歌』が歌われた。

夕方の部の「わがまちの歌」では、「コールはなみずき」（小国町）、「あまぎあさくら歌う会」（朝倉市）、「八女混声合唱団」が郷土の歌を披露。生誕百二十年を迎える山田耕作を記念し、柳川の「白秋を歌うコーラス蘭の会」は、北原白秋の『からたちの花』など三曲を、「大川グリーンハーモニー」は『この道』などを歌った。

第二部「團作品を歌う」では、東京から参加の「文京混声合唱団」が混声合唱組曲『筑後風土記』全曲、「大川児童合唱団」が童謡集を歌い、「訪中合唱団」が『海を探しに行こう』（辻井喬・詞）を披露した。実は、翌年の二〇〇七（平成十九）年は、團伊玖磨の七回忌にあたるため、流域コンサートに参加した二〇〇名が「訪中合唱団」を結成して、團さんの終焉《しゅうえん》の地、蘇州《そしゅう》で『筑後川』記念コンサートを行うことにしていた。

夕方の部のフィナーレを飾る現田茂夫指揮三二七名による『筑後川』大合唱は、五年にわたる流域コンサートの最後を飾る歌でもあった。

「河口に辿り着いたら有明の海に沈む夕陽を背にして歌おう」

筑後川昇開橋の向うに沈む夕陽を背にした時、みなぎる血が私の全身に走った。そしてすぐそこに中国があるような錯覚を覚えた。ホールでの『筑後川』大合唱が終わると涙があふれ出て、止めることができなかった。今回で最後となる流域コンサートを応援するために東京から来ていた息子の創が手渡してくれたハンカチで、他人にわからぬよう涙を拭いた。

アンコール曲の『花の街』を歌い終わり、参加者全員で五か年かけた流域コンサートが無事に達成できたことを喜び合った。この間、司会進行をつとめた川野一宇アナウンサーに指揮者の現田茂夫さんから花束が贈られた。

コンサート終了後、ＮＨＫ「ラジオ深夜便」のインタビューを受けた私は、全参加者とお世話になった方々への感謝を述べ、

「小さな流れをたくさんの人たちの力で大河にまで広げることができた」と語った。

五か年の参加者は終演後喜びを分かち合い、おたがいに言葉をかけ合っていた。

夕陽に染まる河口にこの美しく雄大な『筑後川』全曲を合唱する幸せ、團伊玖磨先生の作品に心から感動しこれからも歌い続けます。（福岡県春日市・古賀俊郎）

五年間の思い出が夕陽に輝き三〇〇人の歌声がホールいっぱいに響き、何物にも代えがたい思い出を作ることができました。（熊本県小国町・石川フサノ）

『筑後川』を皆様と一緒にこんなに多くの仲間一緒に歌ったこと、一生の思い出です。（北海道旭川市・村松知）

團伊玖磨記念『筑後川』IN大川（福岡県大川市文化会館、2006年10月22日）

　團先生、有明の海に沈む夕陽の見える大川での『筑後川』聴こえましたでしょうか。五年の成果をもって蘇州へまいります。（福岡県朝倉郡・行武須磨子）

「大川」で、團さんと約束した流域コンサートが完結し、團先生の終焉の地、中国蘇州へ二〇〇七年一月、報告公演をして、私は終止符を打つことを決めた。

参加者の一人から届いた絵手紙

第三章　『筑後川』長江に響く

1

團さん客死の蘇州へ二〇〇人合唱団

團さんの遺志を継いで、二〇〇二（平成十四）年から二〇〇六年まで五年間、筑後川の流域で、混声合唱組曲『筑後川』のコンサートが開かれた。曲の標題に合わせて上流から下流へと開催地を移しながら、一年ごとに流域の合唱団と全国の『筑後川』愛唱者が集い、のべ二千五百人以上が合唱に参加した。

五年計画の流域コンサートが終盤に近づくにつれ、みんなの間で、次は中国へという思いが強くなった。

『筑後川』を指揮する團さんは「筑後川の水は有明海を経て東シナ海で揚子江（長江）の水と合体する」と語り、終章の「河口」を歌う時、「どれほどおおらかに歌ってもおおらかすぎることはないのです」といつも語っていた。筑後川の水は中国の水と合流する、日中は一衣帯水《いちいたいすい》の国だとの思いだった。

團さんは、日中国交正常化前の一九六六（昭和四十一）年に初めて訪中し、七九（昭和五十四）年には自ら作曲したオペラ『夕鶴』を北京などの主要都市で公演した。この模様はＮＨＫテレビ「中国へはばたく『夕鶴』」として放映された。訪中は計六十回を超え、亡くなるまで日中文化交流協会会長を務めた。二〇〇一（平成十四）年五月十七日に日中友好の旅の途中、蘇州市のホテルで急逝された。


團さんの父方の祖先は旧福岡藩士で、母方の実家は長崎市で両親とも九州の血だ。しかし團さんは、それだけではなく日本では珍しいその姓から、自らのルーツを遠く中国大陸からの漂流民に求めていた。團さんは東京に生まれ、幼少年期を原宿や麻布で過ごしたが、「僕にとっての故里は東アジアの海なのだと思う」と『パイプのけむり』（「アサヒグラフ」・一九八八年六月十三日）に「故里」と題し書いている。

「東アジアの海の道を、或いは惨敗の悲しみに泣き叫び、或いは敗北の慚愧《ざんき》に震え、或いは勝者への怨念に燃え、或いは暗黒の恐怖と蒼白な諦観《ていかん》に沈みながら、島影を求めて漂《ただよ》って来た祖先の道に僕は故里を感じるのである」

筑後川が有明海を経て東シナ海に至るというのは、團さんにとっては単に地図上の繋がり、空間的な広がりを意味するだけではないのである。

混声合唱組曲『筑後川』（一九六八年）にはじまり、海を挟み大陸との交流を描く合唱曲は『海上の道』（七三年）、『玄海』（八四年）、『筑紫讃歌』（八九年）と主題を変えながら続く。

團さんにとって、これらの作品は故郷を求める心の旅だったのかもしれない。

團さんが、「すべての音楽の源流は中国から流れてきたひとつの川である」と語っていたことも憶えている。「一衣帯水」という言葉が持つ意味そのものであったのだろう。

「有明の海を経た筑後川の水はやがて東シナ海で揚子江の水と合体する」

團さんから何度も聞いた言葉だった。

中国公演を着想したのは「河口のまち」大川開催の準備にはいった二〇〇五年だった。筑後川河畔の河口に、私と妻は何度立ったことだろう。夕陽の向うは東シナ海、更に中国大陸につながる。

「有明の海を経た筑後川の水はやがて東シナ海で揚子江の水と合体する」

「河口は海へ向かうみなかみ」

團さんが残してくれた言葉だ。

團さんの「遺言」を背負い、その通りに活動してきた旅だった。大きな背中を追う旅だった。混声合唱組曲『筑後川』のフィナーレを飾る「河口」は、終焉を意味するものではなく、新たな旅立ちなのだ、と思った。五か年かけた『筑後川』の旅は、二〇〇六年の大川市で終止符を打つ。その報告をもって、團さんの終焉の地・中国の蘇州市で『筑後川』演奏会を開くことは、このうえなく相応しいことだと思えてきた。ちょうど二〇〇七年は、團さんの七回忌の年にもあたっていた。

中国公演の開催地を蘇州市と決めた私は、日中文化交流協会を通して中国側との準備に着手した。中国でのコンサート開催には多くの困難が伴い、計画を躊躇《ちゅうちょ》する団体も少なくないと聞いていたことから、リスクを最小限に抑え、こじんまりした訪中合唱団とし、バス一台で移動可能な四〇名の合唱団として計画した。

福岡空港から上海空港まで一時間半、一日に数便往来している同空港を出発、帰着とし、九州を主体にした合唱団として編成することにした。旅費、宿泊費は全額自己負担である。はたして参加してもらえるかどうかも心配だった。

ところが、参加者は瞬く間に一〇〇名となり、一五〇名を超す人員となった。そして九州以外の人たちからも「一緒に中国で歌いたい」という希望があって、計画の大巾な見直しを迫られた。

そして何度も旅行会社と交渉し、福岡発便と同一料金で成田空港発便を確保してもらうことに成功した。一八〇名の福岡空港組は二便に分乗し、成田空港組の二〇名と上海空港で合流する。訪中合唱団二〇〇名の渡航計画が整った。

公演日を二〇〇七年一月二十日と決めた私は、前年の春、現地調査のため蘇州市を訪ねた。蘇州

蘇州市・呉中区人民大会堂

市での公演の会場設営は、市側が担当してくれることになり、音楽ホールがないので会場は共産党大会が開かれる千名収容の会議場・呉中区《ごちゅうく》人民大会堂に決まった。ピアノは蘇州にはないということで、上海から運び込むことになった。上海の銀海楽器に案内されたが、コンサート用のピアノは置いておらず、公演当日に中国側で責任をもって運び込む約束をしてくれた。

二〇〇名の合唱団の舞台ヒナ段は、会場近くの小学校の教壇を積み重ねてつくることにした。航空機やホテル、中国内のバス、食事などは日本側で手配することにし、滞在中にその手配を終えた。

万事うまく交渉が進行したようにみえるが、当時の中国はまだ古い共産主義体制の残滓《ざんし》があり、何事につけても窓口が変わり、時間ばかりかかった。そのたびに許可が要り、暗に袖の下を要求されることもあった。

いちおう滞在中の手配はできたが、蘇州市側が手配してくれる会場設営以外の経費は、こちらが負担しなければならない。入場料無料のコンサートだから収入は見込めない。私は、人脈を頼りに寄付をお願いして回った。福岡・桧原桜「花守り会」の土井善胤《よしたね》さんや石井聖治さんが親身になって、プログラムの広告集めを応援してくださったのは本当に有り難かった。

「訪中合唱団」は練習にとりかかった。

地域ごとの練習の後、九州一円からの合唱団は久留米市田主丸町の「そよ風ホール」で、『筑後川』、『海を探しに行こう』、中国民謡の『草原情歌』などの練習を重ねた。

流域の合唱団が単独で歌う日本の名合唱曲やわらべ歌も合唱団ごと練習が行われた。

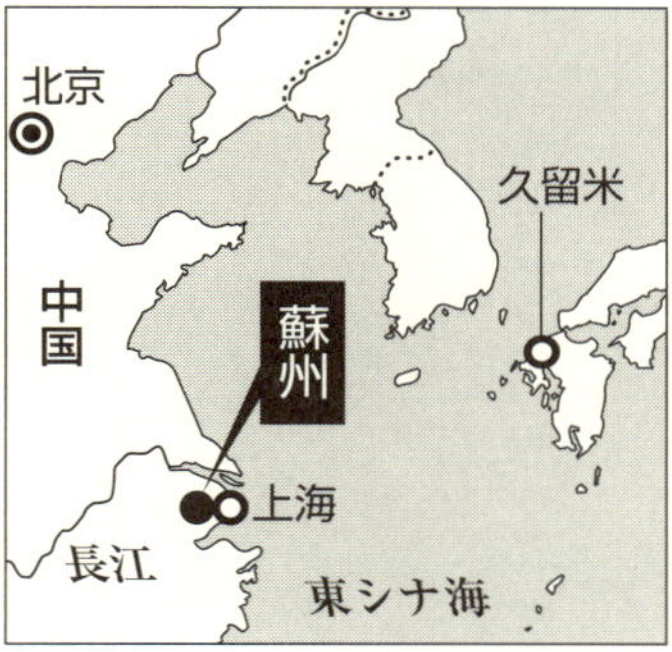

こうして準備をすべて整えた訪中合唱団は、成田空港と福岡空港から飛び立ち、上海空港で合流した後、バス六台を連ね蘇州市へ向かった。

上海空港から西方へ約二〇〇キロ、長江（揚子江）のほとりに位置する蘇州市。

「月落ち烏《からす》啼《な》いて霜《しも》天に満つ」、日本でもよく知られる「楓橋夜泊《ふうきょうやはく》」の詩。その詩の舞台である寒山寺は蘇州市にある。毎年大晦日になると、この寒山寺で除夜の鐘を撞《つ》こうと日本人観光客がやってくる。「東洋のナポリ」とマルコポーロの『東方見聞録』に紹介された景観は、褪《あ》せることなく今も美しかった。

團さんが滞在中に客死した地に海を越えて集まったのは、『筑後川』の魅力にひきつけられ、團さんへの敬愛の念を持つ筑後川流域コンサート参加者二〇〇人の人たちだった。

「團さんを直接知らなくても」、「直接話せなくても」海を越えた川の流れを交流にたとえた音楽家の思いが人の流れになった。

2

一衣帯水

『筑後川』訪中公演の模様は、主催の一翼を担った日本中国文化交流協会の会報誌「日中文化交流」で詳しく知ることができる。

合唱団有志二〇〇名が訪中
團伊玖磨氏を記念し
蘇州で『筑後川』を歌う

「團伊玖磨記念『筑後川』IN中国二〇〇七」が一月二十日、團伊玖磨氏終焉の地・蘇州で行われた。

日中文化交流協会前会長の團伊玖磨氏は、二〇〇一年五月に日中文化交流協会代表団の団長として訪中、滞在中の蘇州で同月十七日急逝した。

この演奏会は、團伊玖磨作曲の合唱組曲『筑後川』を、氏の逝去後筑後川流域で歌い継いできた九州を中心とする合唱団有志約二百名が訪中して実現したもので、日中文化交流協会、蘇州市人民対外友好協会、中国人民対外友好協会の主催で行われた。演奏会の会場は蘇州市の呉中区人民大会堂。

一月二十日午後、開会記念式典が行われた。記念式典は、談工皎蘇州市人民対外友好協会常務副会長の司会で進められ、朱永新蘇州市副市長が挨拶を述べ、團伊玖磨氏の業績を偲び思い出などを語った。演奏会では合唱組曲『筑後川』が現田茂夫氏（神奈川フィルハーモニー管弦楽団常任指揮者）の指揮で演奏された。会場は蘇州の音楽愛好家などおよそ千名の観衆でうめつくされた。この演奏会は、團伊玖磨氏と生前親交をもち、氏の逝去後、團伊玖磨作品の紹介、筑後川流域コンサートの統括・プロデュースを務めてきた中野政則氏が企画・構成したものである。

演奏会にあたり、日中文化交流協会の佐藤純子専務理事、湘南信用金庫の服部眞司理事長、服部順子、多賀敏夫（湘南リース社長）、石田貴一秘書課長、佐藤しのぶ（声楽家）、堀口すみれ子ら諸氏が合唱団に同行した。

演奏会に先立つ一月十九日夜には朱永新副市長主催の歓迎夕食会が開かれ、佐藤純子、服部眞司、服部順子、現田茂夫、佐藤しのぶ、中野政則、富永一子、中野好子、陶俊葆らの諸氏が招かれて出席した。北京の中国日本友好協会の袁敏道副秘書長、蘇州人民対外友好協会の談工皎常務副会長、唐元生、洪軍ら諸氏が同席した。

　合唱団は、一月十九日に福岡と成田から上海を経由し蘇州に到着、二十日の午後演奏会了後上海に移動、二十一日、上海から帰国した。（二〇〇七年三月一日号・原文のまま）

　蘇州市は人口約一千万人。中国側主催者・蘇州市人民対外友好協会によると、これだけの規模の日本の合唱団が訪れたのは初めてだという。

　公演は約二時間。ピアノは中国がドイツと共同開発中というメンデルスゾーン（ＭＥＮＤＥＬＳＳＯＨＮ）のブランドを付けたフルコンのピアノが運び込まれた。

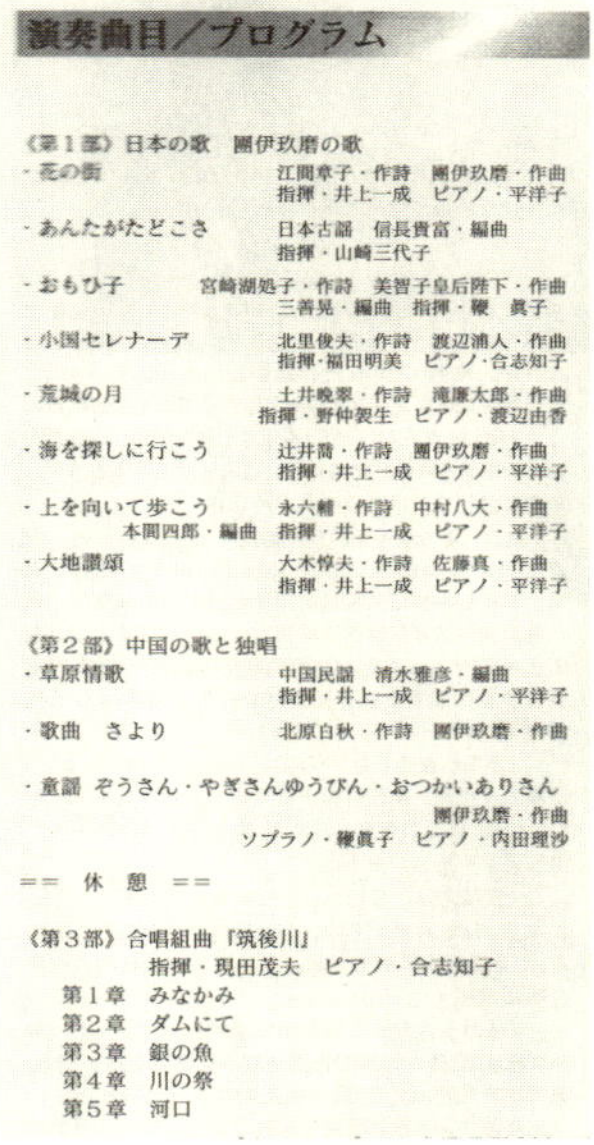
演奏曲目／プログラム

《第1部》日本の歌　團伊玖磨の歌
・花の街　江間章子・作詩　團伊玖磨・作曲　指揮・井上一成　ピアノ・平洋子
・あんたがたどこさ　日本古謡　信長貴富・編曲　指揮・山崎三代子
・おもひ子　宮崎湖処子・作詩　美智子皇后陛下・作曲　三善晃・編曲　指揮・鞭　眞子
・小国セレナーデ　北里俊夫・作詩　渡辺浦人・作曲　指揮・福田明美　ピアノ・合志知子
・荒城の月　土井晩翠・作詩　滝廉太郎・作曲　指揮・野仲製生　ピアノ・渡辺由香
・海を探しに行こう　辻井喬・作詩　團伊玖磨・作曲　指揮・井上一成　ピアノ・平洋子
・上を向いて歩こう　永六輔・作詩　中村八大・作曲　本間四郎・編曲　指揮・井上一成　ピアノ・平洋子
・大地讃頌　大木惇夫・作詩　佐藤真・作曲　指揮・井上一成　ピアノ・平洋子

《第2部》中国の歌と独唱
・草原情歌　中国民謡　清水雅彦・編曲　指揮・井上一成　ピアノ・平洋子
・歌曲　さより　北原白秋・作詩　團伊玖磨・作曲
・童謡　ぞうさん・やぎさんゆうびん・おつかいありさん　團伊玖磨・作曲　ソプラノ・鞭眞子　ピアノ・内田理沙

＝＝　休　憩　＝＝

《第3部》合唱組曲『筑後川』
指揮・現田茂夫　ピアノ・合志知子
第1章　みなかみ
第2章　ダムにて
第3章　銀の魚
第4章　川の祭
第5章　河口

当日のプログラム

　演奏曲目は上のようなプログラムであった。中国語訳の『筑後川』全章歌詞と共に、両国語で紹介されたパンフレットが全聴衆に配布された。

　中国民謡の『草原情歌』では、客席を埋めた中国の人たちと合唱団が一緒になって歌い、公演の最後を『筑後川』の大合唱で締めくくった。
アンコール曲の『花の街』は中国語に訳された歌詞もあり、会場と一緒になって歌った。
海を越えた川の流れを支流にたとえた音楽家の思いが人の流れとなり、訪中合唱団と中国の人たちのハーモニーは蘇州のホールに響いた。

『筑後川』の指揮を振り終えた現田茂夫さんへ司会の陶俊葆さんは語りかけた。

司会：團伊玖磨先生を記念するコンサート、そして『筑後川』中国初演となるコンサートを終えられ、現田先生の感想をお聞かせください。

現田：皆さん有難うございました。謝々。（拍手）筑後川の水が有明の海を経て東シナ海で中国の水と交わる。まさに一衣帯水という團先生のこの『筑後川』にかけた思いが本当の意味で今日実現しました。心から嬉しく思います。

我々日本人にとっても、中国の皆さんにとっても宝であった團伊玖磨先生がこの蘇州の地で亡くなり六年になります。

團先生が生前、いつもおっしゃっていたことは、韓国は我々日本人の兄である、中国は我々日本人の父である、という教えを今日、『筑後川』の曲の中に込め、二〇〇名の合唱団と共に

『筑後川』IN中国（呉中区人民大会堂、2007年1月20日）

『筑後川』の指揮を終え会場へ語りかける現田茂夫

歌いあげました。（拍手）

司会：團先生に捧げる言葉を。

現田：今頂いた拍手をこの舞台の上にいらっしゃる團先生に共にもう一度贈りたいと思います。

（会場と舞台の合唱団が一緒になって拍手）

團先生は本当の意味でのコスモポリタン、世界に通じる国際人でした。我々日本と中国、隣でありながら近年の歴史の上で暗い部分もありましたが、これから、少なくとも音楽を通じて、我々隣の国日本と中国がもっと近しい関係であることを心より望みます。今日は本当に有難うございました。謝謝。（拍手）

続いて司会の陶俊葆さんが会場の皆さんに次のように語りかけた。

このたびの合唱団は、アマチュア合唱愛好者からなっています。この人たちは名利や報酬などを求めず、長年日本各地で『筑後川』を歌ってきました。このたびの『筑後川』ＩＮ中国の旅も、費用、たとえば航空券、宿泊費など全て自己負担です。それも全て團伊玖磨先生への尊敬と日中友好への好意から、そうしています。

私自身は一介の教師に過ぎず、音楽界とかかわりがないし、芸能界とも縁がありません。二十何年か前に初めて日本政府の招聘で中国から日本を訪問した際に、團伊玖磨先生の講義を受けるチャンスに恵まれ、この耳で團先生の音楽への愛や、創作に関する思い、日中友好への熱意を感じることができました。その言葉が脳裏に強く焼きついて忘れられませんでした。

今回、『筑後川』訪中公演に誘われた時、躊躇せずに承知したのは、やはり團先生への思いから、そしてまったく知らないこの人たちの活動に感動させられたからです。

でも、素人のすることなので、多分おかしなところがたくさんあったことでしょう。どうかお許しください。

演奏会の前日、蘇州を訪れた合唱団の代表は、團さんが死去した蘇州のシェラトンホテルの部屋を訪ね、焼香をし、改めて團先生のご冥福を祈った。

中国公演は十分な準備を整え本番を迎える予定だったが、気をもむことの連続だった。

まずピアノが舞台に運び込まれたのは、本番リハーサル前ギリギリのこと。上海からの搬送中にピアノ用の椅子の脚が壊れ、同行した調律師は椅子の修理におわれ、ピアノの練習は事務用椅子で代用した。

午後二時開演、四時に終演することは、合唱団の行動スケジュール上必須条件であった。

開演後、まず蘇州市の挨拶が始まったが、約束の予定時間を大きく超過した。このまま予定通り進行すれば到底四時に終了できない。急遽、私は日中両国語で行っていた曲目紹介を中国語だけにするよう司会者に指示し、更に休憩時間を全面カットした。こうして演奏プログラムは変更することなく、四時に終了することができた。

終演後、合唱団の二〇〇名は、当夜宿泊する上海のホテルに午後六時までに到着しなければならなかった。上海市内の交通規制上、六時以降はホテル前に駐車することができないからである。公演が終わると大急ぎで後片付けをし、四時三十分、合唱団を乗せたバス六台は、蘇州を出発し上海へ向かった。ホテルに到着したのは六時前ギリギリの時間だった。アクシデントを無事に切り抜け、二〇〇名そろって、打ち上げパーティーができたのはラッキーだった。

打ち上げパーティーに臨んだ合唱団の人々は、達成感にあふれ、互いにコンサートの成功を讃え合い、喜びを爆発させた。そして最後には副指揮者の井上一成さんの指揮で再び「河口」を歌い、宴を終えた。

綱渡りの連続だったが、日中共同によるコンサートは感動的なフィナーレだった。混声合唱組曲『筑後川』全曲の演奏が終わるや会場は感動の渦となった。團伊玖磨さんへよせる中国の皆さんの深い愛情に包まれていた。

訪中合唱団の矢野幸次郎団長（二〇〇三年実行委員長・当時吉井町長）と私は、固い握手を交わした。矢野団長は惜しむことなく手厚い援助をしてくださった。

コンサート当日の朝、蘇州市内の寒山寺で。蘇州市外事弁公室（演奏会の主催者）が用意してくれた團先生の写真を囲んで（蘇州、2007年1月20日）

合唱団は一言では語り切れない思いに出会った。務めを果たしたすがすがしさ、更なる継承への誓いとなった。

私にとっても、幾多の困難を乗り越え、團さんへ「五年の報告」を成し遂げたことは大きな記念碑となった。

「新しい芽は新しい価値を生むもの」と團さんは教えてくれていたが、訪中公演は必ず将来を支えるものになり得るだろうと思った。

3

大きな反響

『筑後川』中国公演の翌朝、現地の新聞「蘇州日報」は「感動的な演奏会」と大きく報じた。

訪中合唱団に随行取材した朝日新聞は、二〇〇七年一月二十七日夕刊に、『筑後川』長江に響く」と十段記事を一面に大きく掲載し、二月四日朝刊の「ひと」欄に、「『筑後川』中国公演を実現した中野政則さん」と紹介してくれた。

五名の取材班を送り込んだNHKは、出発前から取材を続け、総合テレビ「九州沖縄スペシャル～中国へ渡った『筑後川』」を放送した。（二月十六日　二〇：〇〇～二〇：四五）。視聴者からの反響が大きくアンコール放送も行われた。

訪中公演は各方面に大きな反響を呼び起こした。全国各地から応援や励ましの電話、メールが私の元へ殺到した。

2007年（平成19年）2月4日　日曜日　13版

事長、国民新党の亀井久興幹事長が3日、国会内で会談し、「女性は子どもを産む機械」と発言した柳沢厚生労働相が辞任しない場合、5日からの参院予算委員会の06年度補正予算案審議に応じないことを確認した。

与党側は補正予算を6日の参院本会議で成立させる構えだが、4日に投開票される愛知県知事選、北九州市長選の結果次第では与野党の国会対応が変わる可能性がある。これについて亀井氏は会談後、「この（厚労相）問題はこの問題として（選挙結果とは別に）

ひと

團伊玖磨さん作曲「筑後川」の中国公演を実現した

中《なか》野《の》政《まさ》則《のり》さん(66)

「先生、来ましたよ」。公演前夜、会場で作曲家・團伊玖磨さんの遺影に語りかけた。楽譜発行が14万部を超える合唱界の大ヒット、組曲「筑後川」が1月20日、中国・蘇州に響いた。訪中60回を数えるほど音楽で交流を重ねた團さんが、客死した地だ。

歌い手は九州を中心に日本各地の合唱愛好家たち。蘇州市側との折衝にあたり、プログラムも作成。引率した200人が大河の悠々たる流れをおおらかに歌い上げていく様子を、舞台の袖で見守った。

ブリヂストン社員だった20代、故・石橋幹一郎社長の義兄にあたる團さんの世話役を命じられた。創業地・福岡県久留米市の合唱団のため石橋社長が曲を依頼。東京・原宿育ちの團さんと何度も筑後川流域を歩いた。組曲5曲がそろったのは68年の初演の3日前だった。

以来、無縁だった音楽にのめりこむ。オペラ「ひかりごけ」などの初演は逃さず通い、カラオケも決まって團さん作曲「ぞうさん」。「増産態勢が始まったぞ」と、同僚に冷やかされた。

定年後も散逸していた楽譜を探し、「生活のほとんどを團さんが占めた」。01年、急逝の報が届く。遺志を継ぎ、上流から下流へ5年がかりの演奏会をする中で「次は蘇州へ」の話が出た。

團さんの曲の中には、歌われていない名曲もある。「それを歌われるようにするのが、これからの仕事です」

文・写真　河原　一郎

朝日新聞「ひと」欄（2007年2月4日）

訪中公演後、大きな動きがあったのは合唱団だけではなかった。会場で日本を代表するソプラノ歌手と紹介された佐藤しのぶは、中国の蘇州市長や合唱団と共に、アンコール曲『花の街』を歌った。

この時の様子を佐藤しのぶは、『筑後川』訪中合唱団の團先生への熱い思いが歌声を通して蘇州で響き渡ったとき、私は一つの夢を確信し、実現しようと決心した、と「日本中国文化交流協会誌」に綴っている。

（前略）二〇〇七年一月、團先生を偲んで九州の合唱団の方々が、先生のお亡くなりになられた蘇州市で『筑後川』をうたわれるというお話を聞き、指揮を執った主人、現田茂夫と共に、初めて訪中し、先生とご一緒できたら、どんなに素晴しかったかと返す返すも残念でなりませんでした。でも、合唱団の皆様の先生に対する思いが、歌声を通して蘇州で響き渡ったとき、私はひとつの夢を確信し、実現しようと決心致しました。今年は團先生の生誕八十五年です。そのメモリアルコンサートを、来る五月に先生ゆかりの地、横浜、東京、大阪、佐世保、久留米、横須賀で連続して公演いたします。先生の残された作品を歌い続けることで、先生の精神が人々の心の中に生きていくのだと感じたからです。そしてその思いが、次の時代の人々につながり、いつまでも歌い継がれていって欲しいと心から願っています。（後略）

（「日中文化交流協会誌」二〇〇九年一月号）

團伊玖磨の歌曲への挑戦を示す意欲を述べた佐藤しのぶは、團伊玖磨生誕八十五年を迎えた二〇〇九（平成二十一）年の五月には、全プログラムを團の歌曲集で組み全国ツアーを行った。これまで外国オペラを中心に活動してきた佐藤しのぶにとって、新しい團伊玖磨の世界への挑戦が始まった。

更にＮＨＫ「ラジオ深夜便」の「わが心の人」（二〇一一年十月二十一日）に出演した佐藤しのぶは、没後十年となる團伊玖磨についてのインタビューに応えて、九州を中心にした合唱団に同行して團伊玖磨が客死した蘇州を訪問したこと、團伊玖磨が逝去したホテルの部屋で線香をあげたこと、蘇州で行われた團作品を歌う演奏会を中国の方々が本当に喜んでくれたこと、その感動的な場に自身が立ち会うことができた喜びなどを語った。

訪中合唱団、中国主催者と一緒にアンコールで歌う佐藤しのぶ（左）

また團作品に、九州と大陸の交流を歌った『筑紫讃歌』や氾濫を繰り返しながらも肥沃な大地をもたらす母なる川の讃歌『筑後川』などの作品があり、その作品を九州の地元の人たちが本当に愛していて、今もズーッとその演奏会を続けていることを紹介し、その活動を子や孫の世代までに伝えていけば、團先生の作品は永遠の生命《いのち》を持って、これからも私たち日本人の心を打ち続けてくれると思うと述懐した。

そして最後に、佐藤しのぶ自身が、團作品を次の世代に伝えていくための一翼を担いたいとの決意を述べてインタビューは終わった。

なにより嬉しかったのは、佐藤しのぶさんが、『筑後川』合唱団の活動に勇気づけられて「また新たに勉強していい歌が歌えるように頑張ってまいります」と言ってくれたことだった。

インタビューが放送された午前二時十分から三時

までの五〇分間に、佐藤しのぶが歌う『筑紫讃歌』より第2章の「女神の独唱」(犬塚尭作詞)や『花の街』『ぞうさん』など團さんの作品が紹介された。

中国の地で訪中合唱団の歌声に心動かされ、ひとつの夢を確信し、実現しようと決心したという佐藤しのぶさんの真摯な態度に、私は頭が下がる思いだった。そして佐藤しのぶさんの放送から学び、中国公演の意味と今後の方向を改めて考えた。

郵便はがき

誠に恐縮ですが切手を貼ってお出しください。

185-0034

東京都国分寺市光町1丁目40−7−106

㈱出窓社編集部 行

フリガナ			生年	年
氏　　名			男・女	歳
住　　所	□□□-□□□□		都道府県	区市郡
職業または学　　年		電 話		
購入書店名（所在地）		購入日	月	日

出窓社　愛読者カード

書　名

◎本書についてのご感想、ご希望など

◎本書を何でお知りになりましたか

1. 書店店頭でみて　　2. 広告を見て（　　　　　　　　　　　　　）
3. 新聞･雑誌の紹介記事を読んで　新聞又は雑誌名（　　　　　　　　　）
4. 先生･知人にすすめられて
5. その他（　　　　　　　　　　　　　　　　　　　　　　　）

◎このハガキで小社の本の購入申込みができます。
小社の本が書店でお求めにくい場合にご利用ください。
直接送本いたします。代金（本体価格＋税＋送料）は書籍到着時に郵便振替でご送金ください。送料は何冊でも200円です。

購入申込書　＊eメールでもお受けします。dmd@demadosha.co.jp

書　名	本体価格	冊

4

訪中公演の成果CDに

佐藤しのぶと訪中公演をともにした合唱団が、佐藤しのぶと共演する舞台に立つコンサートが開かれた。アクロス福岡十五周年、福岡市制百二十周年記念公演の舞台だった。團伊玖磨のふたつの合唱組曲『筑後川』と『筑紫讃歌』が現田茂夫指揮のもと、それぞれ二〇〇名の合唱団、ソプラノ独唱・佐藤しのぶ、バリトン独唱・青戸知、九州交響楽団との夢の共演が実現した。『筑紫讃歌』は、團作品を歌うよろこびをもって集まった福岡の合唱団と市民公募の皆さんによる特別合唱団。『筑後川』は訪中公演メンバー主体の合唱団が、中国で見せた魂のコーラスを披露した。

終演後の会場は、拍手と大歓声に包まれた。

現田茂夫さんが「二十三年間の音楽生活で三本の指に入る素晴らしい演奏会だった」とCDライ

『筑紫讃歌&筑後川』の大合唱
（アクロス福岡シンフォニーホール、2009年10月12日）

ナーノートに記すほどの「熱い」演奏会だった。

このコンサート「『筑紫讃歌&筑後川』～團伊玖磨歌い継ぐ筑紫の心～」は、「團伊玖磨合唱作品集」のライブCDとなり、全国リリースされた。九州交響楽団のCD制作を手掛けているフォンテック（東京）が制作し、ジャケットには筑後川・昇開橋の写真があしらわれた。両曲とも團伊玖磨が自分のルーツへの思いを込めて作曲した壮大な合唱曲、その記念碑的な収録CDともなった。

團さんが生前抱いていた「自らが作曲した『筑後川』を源流から河口まで歌い継ぎ、中国でフィナーレを迎えたい」という壮大な夢は、没後受け継がれ、合唱参加者が、のべ二千五百人を超える大プロジェクトとなった。

蘇州のコンサート終了後の打ち上げパーティー。お互いに演奏会の成功を讃え、
やがて井上一成さんの指揮で「河口」の大合唱（上海、2007年1月20日）

そして蘇州市の人民大会堂での大合唱という大きな実を結んだ。

中国の地で歌い終えた合唱団の人たちが、流れる涙を隠そうともせず喜び合う姿を見た妻の好子は、「一年目の小国町で始まった時の参加者が三二五名ということで驚きました。そして河口の大川ではその二倍六五〇名になった。そのうちの二百名もの人が團先生の終焉の地・蘇州までも行きたいと参加された。團先生の魅力に浸って幸せな時間を過ごすことができ本当に良かった。満足されてこの一連の演奏会が無事に終わり、その輪の中に一緒にいた私たちも幸せでした」と語った。

私は「先生来ましたよ」と会場の團さんの肖像写真に語りかけた。團さんの遺志を継ぎ五か年の流域コンサートを経ての中国公演。

「中国でも」と夢があった團さんの客死の地に、二〇〇名の合唱が高らかに響き、その役割を果たした。聴衆と一体となった会場に感動し、世界共通語の音楽が中国で受け入れられた喜びも新鮮なものだった。幾多の困難を乗り越えた末の成果だったことも私たち夫婦の喜びを更に大きくした。

帰国後、私は蘇州側に「『筑後川』を歌いに九州へおいでください」とメッセージを送った。

「團さんが下地を作った交流をつなぐため、曲を歌い継いでいくのが責務」と思った。

一滴の水が大河へと成長し、河口に達してもなお川の水が永遠に尽きぬが如く、様々な人々によって『筑後川』は歌い継がれていくのだろう。

第四章　團伊玖磨ゆかりの地を巡るセカンドチクルス

1

再び小国町へ

熊本県小国町

全5章からなる混声合唱組曲『筑後川』の標題に沿って、源流の熊本県小国町から河口の大川市まで五年かけて歌い継いできた「團伊玖磨記念『筑後川』流域コンサート」は、二〇〇六（平成十八）年で一段落するはずだったが、五年の年期はあけても参加者の熱意は止まなかった。

二〇〇七年一月二十日、中国の蘇州市呉中区《ごちゅうく》人民大会堂での『筑後川』中国公演が終了した後の打ち上げパーティーでのことだった。

「皆さん一緒に二巡目に取りかかりましょう、もう一度小国町へ戻ってきてください」と乾杯の発声に立った小国町の河津志津江さんから言葉が飛んだ。会場からも賛同の拍手が湧いた。参加者全員から「このままで終わりたくない、二巡目を小国町から始めたい」という声が出た。

思いもよらない言葉だったが、人生意気に感ずと言う。ただがむしゃらに走ってきたわが身に嬉しさを感じさせる十分のものだった。これまでの成功を意味するもので、團先生の思いを継いだ夢が達成でき、これほど気持の良い反響はなかった。参加者が多数いる限り続けねばならない、己の都合を言っている場合じゃないという心境になった。

しかし一方では、中国公演を終え流域コンサートにピリオドを打とう、と考えていた私たち夫婦にとって簡単に決断できることではなかった。

予想をはるかに上回る全国からの参加者、合唱団の名簿、公演内容等は、わが家のパソコンで管理され、その更新やメールの交信は一日も欠かせない業務で、妻の好子が一手に引き受けてくれていた。公演プログラムやチラシ印刷の原稿も、すべて彼女の手によってパソコンで作られた。妻の力を借りなければ、私一人の力ではできないことは明白だった。私の定年後は、東村山市にある東京の家で、近くに住む孫や子供たちと過ごす日を楽しみにしていたが、そちらは二の次にして私の仕事を手伝ってくれていたのである。

それでも「五か年」という時間は、全国の合唱参加仲間たちに彼女の存在を大きく印象づけるものになっていた。彼女と参加者との心の結びつきができていたからこそ、二巡目に向けた呼びかけにつながっていたのだと思う。

私は二巡目に向けた協力を妻に頼んだ。そして、彼女の気持ちが固まった時、幸運の扉が開いてゆくような気分になった。

『筑後川』の二巡目の旅が、再びスタートすることになった。通算六回目の「筑後川流域コンサート」は、訪中コンサートを終えた年の秋、二〇〇七（平成十九）年九月二十三日に、懐かしの地、小国町で開催された。全国から五〇〇名が参加し、初回と同じ小国ドームで行われ、中国で乾杯の発声をした河津志津江さんが実行委員長を引き受けてくださった。更に二台のピアノによる『筑後川』の大合唱のために、木魂館（研修施設）のピアノを快く使用させてくださった。

河津さんは、小国町の宮崎町長の義母（夫人の実母）で、八十歳を超えておられ、参加者のなかで最高年齢者だった。小国町の多くの人たちに慕われ、町の社会文化活動のシンボル的人物だ。木魂館のグランドピアノは河津さんが寄贈されたものだった。

前回のコンサートの折、初めてその姿にお目にかかった時は、公民館の一室で数名の婦人に手芸を教えておられた。穏やかな笑顔であったが、芯は強そうであった。團さんの終焉の地、中国蘇州市へ行った時にも、訪中合唱団二〇〇名の一員として参加された。

「九州作品が二曲、三曲と輪になっていくのが楽しみ」と語っていた團さんの言葉に対し、私自身まだ不十分な思いが残っていた。なかでも合唱組曲『唐津』（全7章）が未発表のままになっていることも気になっていた。『唐津』が世に出るまでは活動はやめられない、との思いもあった。

團伊玖磨記念『筑後川』IN小国、2台のピアノによる大合唱
（小国ドーム、2007年9月23日）

『筑後川』流域コンサートが始まった二〇〇二年、小国町宮崎町長から贈られた木製の「バトン」は毎年の開催地へ引き継がれ、開催日と会場名が刻印されていった。

二巡目の『筑後川』コンサート会場の小国ドームには、五年間の実行委員長全員が出席された。開会式で昨年開催の大川市実行委員会副会長・石橋良知教育長から「バトン」のレプリカが出席の各地実行委員長に贈呈された。

バトンのレプリカの贈呈式（開会式）

二〇〇二年に最初の演奏会が開かれ、小国町実行委員長・宮崎町長が地元特産の小国杉で作った盾をバトンとして受け渡しながら、演奏会は毎年、佐賀、福岡県へ会場を移して続いた。この日バトンは再び小国に戻ったのである。

2

三連水車の里の『筑後川』

福岡県朝倉市

「大きくなった子供たちと歌えて本当に幸せ。昔とは一味違った新しい『筑後川』をお聞かせしたかった」と八十九歳になる元音楽教諭、鞭《むち》幸枝さん。鞭さんが顧問をしていた福岡県立朝倉高校音楽部が、全日本合唱コンクール全国大会（埼玉県浦和市）に出場し、『筑後川』を歌って銀賞を受賞したのは、初演から二年たった一九七〇（昭和四十五）年のこと。その三年後には『筑後川』がコンクールの課題曲になり、教科書にも載って全国で歌われるようになった。鞭さんがこの曲で全日本合唱コンクール出場を果たしたことがきっかけとなり、『筑後川』は全国に広まったのである。

「團伊玖磨記念『筑後川』ＩＮ朝倉」は、二〇〇八（平成二十）年十月二十五日、二十六日の両日、福岡県朝倉市の「ピーポート甘木」で開かれた。朝倉市は筑後川の中流域にあり、三連水車の里として有名である。混声合唱組曲『筑後川』は作曲から四十年の節目を迎えた。『筑後川』が全国に

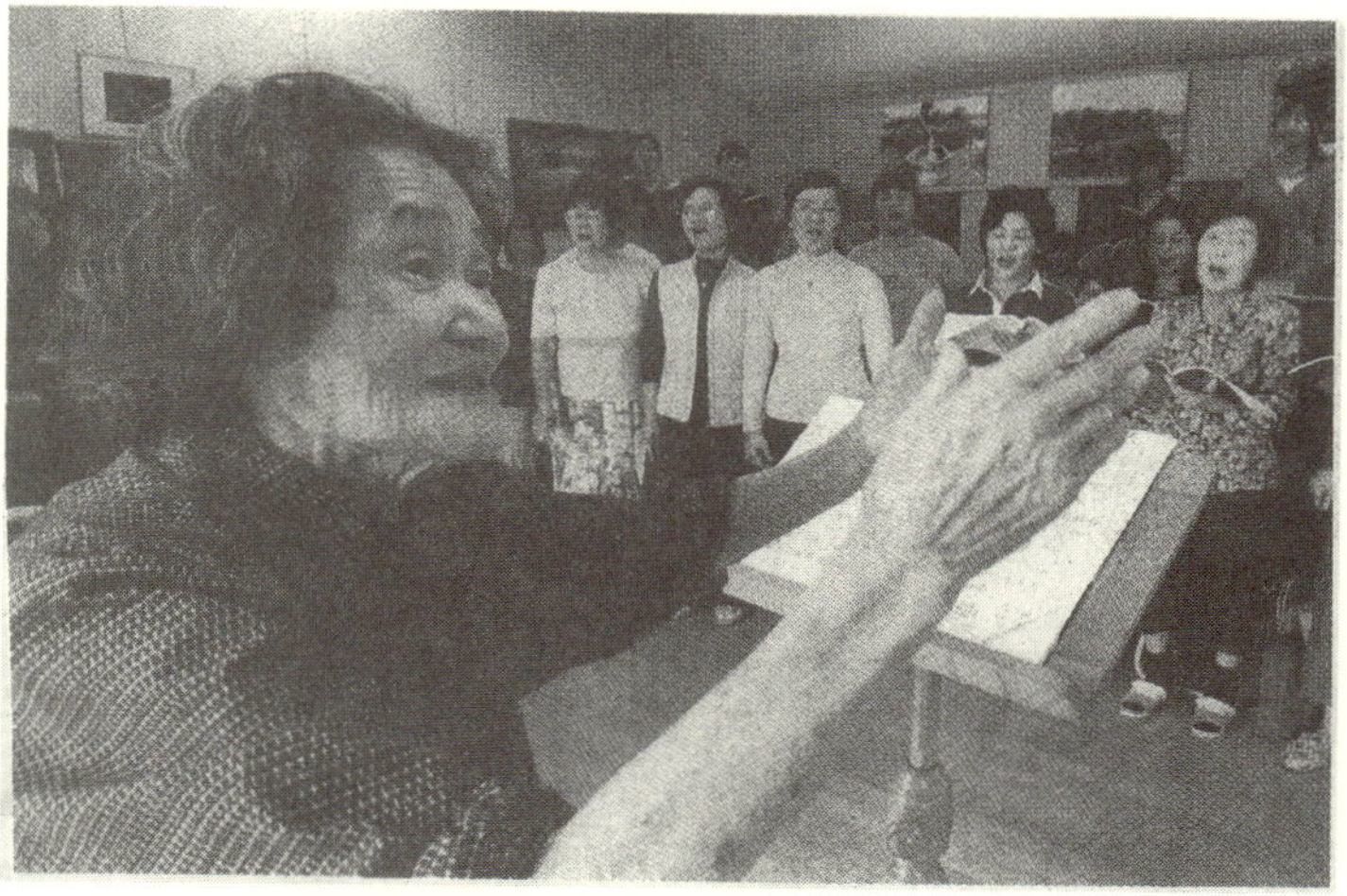

教え子を前に練習で力強く『筑後川』を指導

広まるきっかけとなった朝倉の地で、流域コンサートが開かれるのは意義のあることだった。

十月二十五日の前日コンサートでは、鞭さんが退職後、自ら結成した「あまぎあさくら歌う会」と朝倉高校音楽部の元・現部員九二名による合唱団が編成され、夏から練習を重ねてこの日の発表を迎えた。

一九七〇年のコンクールに出演した元部員の福岡市職員石川久史さん（五十八歳）は「あの時この曲がこれほど長く歌い継がれるとは、まったく予想していなかった」と振り返る。同じく朝倉市の主婦荒牧美智子さん（五十五歳）も「作品も素晴らしいが、鞭先生を始め歌い続けてきた方々の努力があってこその四十年ではないか」と感慨深げだった。

二〇〇八年の朝倉での『筑後川』大合唱へ

は、東京、神奈川、千葉、埼玉、岐阜、京都などからの参加者も含め五三五人が参加した。指揮の現田茂夫さん（神奈川フィル常任指揮者）のもと、午後の部、夕方の部に分かれての合唱になったが、一度に二百六十人余りの人々が歌う声は、会場を揺るがすばかりだった。

本公演のひと月前の九月の夕暮れ、筑後川のほとりの田園地帯に歌声が響いた。「團伊玖磨記念『筑後川』コンサート」に集う九州、山口の愛唱者三〇〇人による混声合唱組曲『筑後川』が三連水車の里に響いた。

團先生が歩かれた筑後川の河畔で歌いたい、この曲との思い出を筑後川の風景と共に焼きつけて帰りたいという全国からの参加者の希望が多く、屋外で歌う『筑後川』が始められた。

筑後川から農業用水を田畑に運ぶ三連水車を前に、耳納連山の山並みをバックに、現田茂夫指揮による『筑後川』全章が田園風景の夕空に響いた。

また、九月十三日には、混声合唱組曲『筑後川』作曲四十年を記念して、その魅力に迫るシンポジウムが、福岡県立朝倉高校で開かれた。

パネラーの一人、福岡教育大学長野俊樹教授（音楽学）は、第1章「みなかみ」冒頭のアカペラと、第5章「河口」冒頭のピアノ伴奏の旋律が共通していることなどを例に、「主要旋律を同じ素材から出発させるなど、極めて交響楽的に作曲されている」と指摘した。

丸山豊に師事し『筑後川』作詞中の丸山を見ていた陶芸家で詩人の山本源太さん（福岡県星野

三連水車の里に響く『筑後川』（福岡県朝倉市三連水車公園、2008年9月14日）
この芝生広場は、2017年の九州北部豪雨で流れ込んだ土砂に埋まった。

『筑後川』作曲40周年を記念し開かれたシンポジウム（朝倉高校）

村）は、「丸山先生はこの年の初めに大病にかかり死を覚悟されていた。戦場に従軍した詩人として書き残さねばという強い思いがあったのではないか。愛はいつも試されているのだ」とも語った。長年、学校や地域で『筑後川』の合唱指導をしている朝倉高校教諭（当時）の田中玲子さんは「歌うたびに筑後川を、自然を、人を愛していこうと決心します」と語った。

大川児童合唱団の指導者でもある大川市教育長（当時）の石橋良知さんは「大川は家具産業やエツ、ノリ……と、筑後川の恩恵で大きくなった。生活の宝としての川への思いが大きい」と結んだ。

郷土愛があってこそ四十年間歌い続けられてきたのだと実感させられたシンポジウムだった。

3

ふたつの川の合唱組曲

東京都江戸川区

混声合唱組曲『筑後川』を愛する人たちが、各楽章の舞台となった街で毎年一回集まって歌う「團伊玖磨記念『筑後川』流域コンサート」。五年かけて全楽章を巡る旅が完結したのち、團伊玖磨のゆかりの地を巡るセカンドチクルスが続けられ、ついには九州を離れ東京の開催となった。

二〇〇九（平成二十一）年十月四日、七つの川に恵まれた江戸川区総合文化センター大ホールで開催された「團伊玖磨記念『ふたつの川の合唱組曲』」である。

もうひとつの川は言うまでもなく「江戸川」である。九州での「『筑後川』流域コンサート」にも参加してきた「江戸川混声合唱団」が、かつて團さんに委嘱した混声合唱組曲『川のほとりで』が初演から二十周年を迎えるのを記念して、「『筑後川』と『ふたつの川の合唱組曲』コンサート」として行うことになったのである。

團さんがアンコール曲としていつも歌った『花の街』の作詞者でもある江間章子作詞の『川のほとりで』は、関東平野を縦貫し東京湾にそそぐ江戸川を全6章で描く團の混声合唱組曲である。「川のほとりで」、「都鳥のうた」、「岸辺のポニー」、「窓のまち」、「七草篭《かご》」、「川は海へ」の六つの詩には、「江戸川」の固有名詞はどこにも出てこない。ここに歌われている川は、日本のどこの都市近くにもあり得る日常風景の中の川にも重なる。

演奏会は「江戸川混声合唱団」が歌う『川のほとりで』で幕を開け、舞台上手には團さんの写真パネルが飾られ、川野一宇さん（NHKアナウンサー）の司会もゆったりと落ち着いた雰囲気で、川の流れにロマンを求めた團伊玖磨の音楽世界を堪能する良い機会となった。

続く第二部では、関東近郊を中心に五つの合唱団が出演し、『岬の墓』、『筑後風土記』、『横須賀』など團作品を次々と聴かせた。「江戸川少年少女合唱団」による童謡メドレーはなんとも愛らしく、長いコンサートの中でいいアクセントになったようである。

休憩をはさんで、最後はいよいよ混声合唱組曲『筑後川』の大合唱。出演合唱団の面々に個人参加者（九州からも大挙参加）を加えた三一七名がヒナ段を埋め尽くし、見ているだけで圧巻。現田茂夫さんの指揮、「二台のピアノ版」が演奏されるのは、東京では初めてのことであった。高らかな歌声が会場を満たした。

大合唱が紡ぎだす終章「河口」の雄大な風景には、人が集まって声をあわせる根源的な喜びがみなぎっていて、胸を打つフィナーレに会場が震えた。この作品が時代を超えて多くの人々に愛され

２台のピアノと317名の合唱団による『筑後川』大合唱
（東京都江戸川区総合文化センター、2009年10月4日）

続ける姿を再現したかのようであった。

それまでのコンサートでは、『筑後川』のソプラノとテノールのソロは、地元と遠来組で受け持つ習わしだが、この日は「江戸川混声合唱団」の村上アイさんと、福岡県大川市出身のミュージカル俳優岡幸二郎さんがつとめた。

4

川面に響くハーモニー

大分県日田市

「團伊玖磨記念『筑後川』IN日田」は、二〇〇九（平成二十一）年十一月一日に大分県日田市の市民文化会館「パトリア日田」で開かれた。江戸時代は徳川幕府の天領で、山に囲まれた人口七万人余りの町である。日田杉などの木材の町として知られ、山々から流れ込んだ水が、水量豊かに下ってゆく。

市内を流れる三隈《みくま》川が福岡県に入り筑後川となって有明海に注ぐ。「日田杉」は銘木として全国に知られ、昔は日田周辺でいかだに組まれ、筑後川河口の大川にまで運ばれた。大川市は今でも家具の町として知られている。一滴の水が一筋の流れとなり、やがて大河となって人々の暮らしを支え、東シナ海、そして世界へと流れてゆく。

会場はまだ新しく、杉をはじめとする木材が豊富に使われた響きのすばらしいホールで、流域と

河畔で歌う『筑後川』（大分県日田市三隈川河畔、2009年10月17日）

全国から集う二四の合唱団や個人参加者の総勢六〇〇人が、二回に分けて「わがまちの歌・わたしたちの歌」や團作品を披露し、最後に現田茂夫の指揮で『筑後川』の大合唱で締めくくった。

地元の「日田市民合唱団」や「日田市合同合唱団」が、『筑後川舟歌』や『鯛生《たいお》恋唄』などを歌い、「竹田混声合唱団」が滝廉太郎の『花』、熊本小国町の「コールはなみずき」が、組曲『火のくにのうた』より「阿蘇」などを披露。童謡『ぞうさん』や『花の街』など團作品を歌った。

「コーロ・アンジェリカ」（佐賀市）、「大川グリーンハーモニー」、「鳥栖市民合唱団」、「みのう音楽祭『筑後川』を歌う会」（うきは市）もそれぞれわがまちの歌を披露した。

團伊玖磨作品を歌うコーナーでは、「日田

少年少女合唱団」が童謡メドレーを、「大宰府混声合唱団」が混声合唱曲『二つの碑銘』を歌った。

本番前の十月十七日、合同練習の後、有志らが夕陽に染まる三隈川川岸の野外ステージに移動した。国内外で活躍する現田茂夫さんの指揮で、二〇〇名が『筑後川』の美しいハーモニーを響かせた。パトリアギャラリーでは協賛の「ふるさと筑後川イン日田フォトコンテスト作品展」が開催され、二科会写真部常任理事・中村陽氏審査による流域の風景など二二二点が展示された。

「パトリア日田」が開館した二〇〇八年一月の開館記念コンサートでは、『筑後川』を歌って幕を開けたという。このまちでは『筑後川』はわがまちの歌として親しまれている。作曲中の團伊玖磨が宿泊した宿ものこっており、ゆかりのまちとしても知られていた。

『筑後川』の第2章にいうダムのまちでもあり、松原ダム、下筌《しもうけ》ダム、夜明けダムがある。日田盆地は周囲を森林に囲まれ、上流の小国町などと共に筑後川の上流域をなしている。この地域はたくさんの雨が降り、その雨が森林を育ててきた。森林は雨を抱えながら水を浄化し、少しずつ川に流していく。森が筑後川の水を守り育てている。日田は豊かな「森のダム」ともいわれる。

江戸時代、年貢米は筑後川を使って輸送された。

5

北原白秋と團伊玖磨

福岡県柳川市

團伊玖磨と北原白秋の縁は深い。初めて読んだ詩集が白秋の『思ひ出』だった。「白秋の詩の言葉にはすでに音楽がある。その詩を歌にしたくて作曲を始めた」と團さんは語っている。十三歳で初めて曲をつけ、その後も歌曲集『六つの子供の歌』などを発表。二〇〇二年九月には詩集『邪宗門』をテーマにした声楽付き交響曲「第7番」を発表の予定だった。

これらのことを團伊玖磨トーク&ミュージック「白秋のまち」の音楽会で語ったのは、二〇〇一(平成十三)年三月二十八日、柳川市民会館大ホールでのことだった。そのコンサートから五十日後、團さんは国際交流で訪問中の中国・蘇州市で亡くなり、柳川でのコンサートは五十年を超える音楽活動の最後となった。

二〇一一(平成二十三)年は没後十年にあたり、「團伊玖磨記念『筑後川』」はゆかりの深い白秋のふるさと、福岡県柳川市での開催となった。テーマは「北原白秋と團伊玖磨」。五月二十二日、柳川市民会館大ホールに、全国から集まった参加者は九五〇名。そのうち七〇〇名が混声合唱組曲『筑後川』を午後の部、夕方の部の二組に分かれ、現田茂夫指揮のもと大合唱。

この年は、コンサートの直前の三月十一日に東日本大震災が起こった。

團さんは『筑後川』について一九九八年三月十八日の朝日新聞夕刊でこう語っている。

「人の心を洗う川の流れは、歌う人、聴く人にロマンを与えます。一方、川は生活と密接に結びついている。（中略）一九五三（昭和二十八）年六月、私は久留米を訪れました。筑後平野で大洪水があった二日後です。電柱につながれたまま溺れ死んだ牛や馬が浮いていました。筑後川は母なるやさしい川であると同時に、阿蘇を源流に持つたけだけしさを秘めています。（中略）終曲「河口」では、優しさを込めた大きさを表現したかった」

この言葉を受けて指揮者の現田茂夫さんは「生命、自然への畏敬、復興、凱歌、これらの思いが込められた作品は、東日本大震災へのエールとなって届くものと信じています」と述べた。

実行委員会は一時コンサートを中止することも検討したが、『筑後川』を歌うことで被災地を励まそうと予定通りの開催となった。

嬉しいことに、被災地に近い千葉市美浜、茨城県龍ヶ崎市から合唱団が元気な姿を見せてくれた。被災地の宮城県から個人で参加してくれた人もいた。しかし、八丈島や横浜、福島の合唱団合わせて五十名の参加者は地震の影響でやむなく欠場となった。

午後一時からの午後の部と四時から夕方の部の二回に分けて開いたコンサートには、別プログラムで、第一部「わがまちの歌」、第二部「團伊玖磨作品を歌う」、第三部『筑後川』大合唱の構成で行われた。

地元柳川市からは、創立四十年近くになる合唱団「うぶすな」をはじめ八つの合唱団と、市民公募の皆さんも参加しての歓迎ぶりで、白秋のまち、水郷の里としての活動が盛んな様子を示してくれた。

この日の音楽時評（読売新聞夕刊・二〇一一年六月十四日）では「團伊玖磨の曲に息づく歌」と題し次のように紹介された。

（前略）「歌」の力を最も痛感したのは、この日の最後に聴衆と共に合唱した『花の街』だった。江間章子の〈美しい海を見たよ　あふれていた　花の街よ〉という詞と、穏やかでどこか悲しみをたたえた曲から、東日本大震災の被災地を連想したのは私だけではなかっただろう。この曲が戦争の焦土から復興しつつあった一九四七（昭和二十二）年に作られたことは後で知ったが、そんな背景を知らなくとも、人はこの曲に込められた思いを感じとることができたのだ。戦後、「この青空のように広く、明るく人々に希望と勇気を与える音楽をたくさん創りたい」と誓ったという團。その志はたしかに曲の中に息づいていた。

本番を直前に控えた四月十七日には、現田茂夫さんを迎えて、柳川市民会館で合同練習を行った後、料亭旅館「御花《おはな》」にある国指定名勝庭園・松濤園《しょうとうえん》で『筑後川』を合唱した。「御花」の松濤園で屋外コンサートが開かれたのには意味がある。

團さんの六十年近い音楽生活の最後のコンサートとなったのが二〇〇一年三月二十八日の柳川市民会館でのトーク&ミュージック「白秋のまち」の音楽会だった。三日間滞在した柳川の宿泊ホテルが「御花」だった。コンサート終演後、四十名ほどの友人、知人が集まり團さんを励ます会を開いたのもこの「御花」だった。宿泊した部屋から松濤園は全望できる。團先生に届けとばかり、三百名の合唱団は日本庭園で『筑後川』を歌った。

コンサート前後の一か月間、北原白秋記念館では、コンサートのテーマに沿った「北原白秋と團伊玖磨展」が開催された。白秋を敬愛し「作曲の原点は白秋」と語り、十三歳で白秋の詩集「思ひ出」の詩に作曲するなど、白秋と團伊玖磨のかかわりを写真や資料パネル七〇点で紹介した。詩に曲を付ける時、白秋に手紙を出すと、「どうぞ」と書かれた快諾のハガキが届いたという團のエピソードも披露された。

被災地の早期復興を願って「團伊玖磨記念『筑後川』IN柳川二〇一一」の立花民雄副会長ら実

團さんが宿泊した「御花」の松濤園で歌う『筑後川』（2011年4月17日）

行委員メンバー八人が、市役所柳川庁舎を訪れ、金子健治柳川市長にコンサート出演者や観客らが寄せた十五万四五六七円と指揮者の現田茂夫さんのCD販売の収益の一部一万五千円を手渡した。

「柳川」を終えた翌二〇一二年の「團伊玖磨記念『筑後川』」は、約八〇〇名の席数を持つ八女市町村会館を会場にして開く予定で計画を進めていた。

終戦直前、東京音楽学校（現・東京芸大）に籍を置いたまま、陸軍軍楽隊に所属していた團さんの上官だった吉村誠さんが住むまちで、吉村さんの仲介でつくられた團さんの「八女作品」が数多く残るまちだった。

吉村さんも高齢となられ、お元気なうち

に八女での開催をと考えた私は計画を急いだ。吉村さんも、團さんと八女のゆかりの作品が広く知られることを望んでおられた。

ところが、予定していたホールが、耐震工事改修か新築工事かの検討に予定以上の時間がかかり、ホールが使用できない公算が強くなった。やむなく八女市内にある八女学院中高校の体育館に変更となった。

團伊玖磨作曲の校歌（中島宝城・作詞）を持つ同校と協議を重ね、実現へ向け準備を進めた。校歌の作詞者で皇居「歌会始め」の要職をつとめた同市出身の中島宝城さんとも東京でお会いし、開催の協力をお願いした。

話はトントン拍子で進み、全体の姿が見えてきたところで、再び計画は暗礁に乗り上げた。学校行事と開催趣旨との整合性や数日間にわたる『筑後川』コンサートでの学校施設の使用問題で、異を唱える人が出てきたのである。何度かの交渉をもったが、お互いの考えの違いは埋まらなかった。調整は難しいと判断した私は、計画を白紙に戻し、八女市での開催は次の機会を待つことにし、延期を決めた。既に指揮者、ピアニスト、司会者の方には「八女日程」を予定してもらっていたが、これらを外してもらった。

八女以外の團さんゆかりの市で、計画を立て直しホールを予約する時間は既になく、止むなくこの年はコンサートを見送ることにした。「八女はやめたか」と言われそうな気がして、しばらくは落ち込んだ。

6

團先生、今年も桜が咲きました

福岡市南区

「團伊玖磨記念『筑後川』ＩＮ桧原《ひばる》二〇一三」実行委員会の初会合で、私は團さんの肖像写真を前に次のように挨拶をした。

桧原桜《ひばるざくら》を散策する團先生のこの写真は、「團伊玖磨記念『筑後川』コンサート」のシンボルとして舞台を飾ってきました。二〇〇七年の中国・蘇州での『筑後川』演奏会では会場の呉中区人民大会堂の舞台中央に掲げました。ＮＨＫテレビで放映されましたからご覧になった方もいらっしゃると思います。團先生の思いを託してきたこの写真が桧原桜満開の季節に里帰りできますことはこの上ない喜びです。

桜の季節に開かれるには理由があった。團さんは名随筆家としてもよく知られているが、一九八四（昭和五十九）年四月に「ついの開花」という題の随筆が、当時の「アサヒグラフ」に掲載された。

福岡市の南区に桧原という地区があり、池の近くを幅四メートルほどの道路が通っているが、車が渋滞するようになったため市は一二メートル幅に道路を拡張することにした。しかしそうすると池との間にある樹齢五十年ほどの十数本の桜を伐《き》らなければならない。年度末のため道路は急いで拡張しなければならなかった。まだ固い蕾を付けていた一本がまず伐り倒された。すると翌日、誰が書いたか判らなかったが、一枚の短冊が次に伐られるはずの桜の枝に下げられた。

「花守《はなもり》　進藤市長殿
花あわれ　せめてはあと二旬
ついの開花をゆるし給え」

短冊の意は、市長を花守と呼んだうえで、桜を伐ることをあと二十日間だけ待って、この十数本の桜に最後の花を咲かせてやってほしいというものだった。数日後、桜の一枝に返しの歌の短冊が下げられた。伐採は中止されたのである。

「櫻花《はな》惜しむ　大和心のうるわしや
　とわに匂わん　花の心は
　筑前の花守　香瑞麻《かずま》」

香瑞麻とは、名市長として慕われた進藤一馬福岡市長（一九〇四〜九二年）の雅号で、たちまち桜の枝には住民から市長への数々の感謝の歌の短冊が下げられた、という内容である。

團さんは、たまたま演奏で久留米を訪れた際にこの話を知り、「アサヒグラフ」の連載エッセイ「パイプのけむり」で紹介した。

桧原桜の物語は、團さんのエッセイとして海外まで知られ有名な逸話となった。その後、桧原桜は公園として整備され、住民と元市長のうたを刻んだ碑も建立された。

最初に桜助命の短冊をつるした土居善胤《よしたね》さんは、この経緯を著した『花かげの物語』（出窓社）を出版し、桜をめぐる美しい心のリレーは、テレビや教科書で紹介され、全国に広がっていった。

頻繁に訪れた九州だったが、桜の季節に来る機会がなかった團さんが、「白秋のまち」の音楽会で福岡県柳川市に来演した翌日、初めて桧原桜と対面し、満開の桜を愛でた。地元の花守の会の招きにこたえたものだった。そしてその四十九日後の五月十七日に帰らぬ人となった。

桧原桜の下を散策する團さんの写真は、その時のもので、九州訪問最後の姿となった。縦一二〇センチ、横一〇〇センチの肖像写真は流域コンサートをずっと見つめてきた。

「響きあう桧原桜と歌声と」のテーマのもと、「團伊玖磨記念『筑後川』IN桧原二〇一三」は三月三十一日福岡市南区民センター大ホールで開かれた。

地元商工関係、文化経済団体と、花守り会など福岡市南区とで構成する実行委員会が主催。「筑前の花守」進藤一馬市長の息子邦彦さんが実行委員会の会長を、柳川から桧原桜へ案内した花守り会の石井聖治さんが副会長をつとめた。

合唱団は東京、京都なども含め参加総数は五四〇人。一作年大震災に遭った福島県からは「飯野混声合唱団」の五人の方々、團さんの仕事場のあった八丈島からも参加があり、午後の部三〇〇人、夕方の部二四〇人に分かれて、『筑後川』の大合唱がホールいっぱいに響き渡った。

大合唱の前には、第一部「わがまちの歌・故郷讃歌」、第二部「團伊玖磨作品を歌う」というプログラムで、地元福岡の合唱団、筑後川流域の合唱団が歌った。

南区民センターでのコンサートの前日には、桧原桜のもとに一三〇人が集まり、團さんの写真を囲み、『筑後川』と『花の街』を合唱した。

このときは桜の開花が例年より一週間ほど早く、集いの頃には少し散り始めていたが、「かえって風情があるね」と、皆で桜を愛でながら「團先生今年も桜が咲きましたよ」と桜の下で歌った。

名残の桧原桜の下で『筑後川』を歌う合唱団
（福岡市南区桧原桜公園、2013年3月30日）

初めて訪れた桧原桜の下を散策する
團伊玖磨（2001年3月29日）

7

琢磨の歴史を今につなぐ『筑後川』

福岡県大牟田市

大牟田は、有明海に面し福岡県南端に位置する、人口十二万二千名の市。

かつて三池炭鉱があり、炭都と呼ばれ日本の近代化を支えた町として知られる。三池炭鉱の育ての親と言われる團琢磨（一八五八〜一九三二年）は、伊玖磨の祖父で大牟田との縁が深い。

二〇一四（平成二十六）年三月九日、大牟田文化会館大ホールで、十三年目となるコンサート「團伊玖磨記念『筑後川』ＩＮ大牟田」が、現田茂夫の指揮で、全国から愛唱者五〇〇人が集まって開かれた。

團琢磨は幕末の福岡藩に生まれ、十三歳で岩倉具視欧米使節団の従者として渡米。幼い頃から燃える石炭（当時、地元の言葉で「五平太」と言っていた）を身近に見て育ち、石炭の将来性を見通した琢磨は、アメリカのマサチューセッツ工科大学で鉱山学を学ぶ。七年後に帰国し、後に三井三池炭鉱（大牟田市）の最高責任者として近代鉱山技術を導入、一九〇八（明治四十一）年に百年先のまちづくりを見据えて、石炭の積み出し港、三池港を築港した。その後、三井財閥の総帥まで上りつめるが、右翼のテロ組織・血盟団員によって一九三二（昭和七）年、東京・日本橋三井本館玄関で暗殺された。團伊玖磨七歳の時である。

九州新幹線の新大牟田駅には「三池炭鉱育ての親」として琢磨の高さ七メートルの顕彰像が建つ。琢磨は「とことん石炭を有効活用する」という発想をもって、大正中期に日本初の石炭化学コンビナートを大牟田に生み出した。三池港を建設するにあたっては、こう決意を述べている。

「石炭の永久などありはせぬ。なくなると今都市となっているがまた野になってしまう。築港をしておけば石炭がなくなっても新たに産業を興すことができる。いくらか百年の基礎になる」

琢磨の予見どおり、日本の近代化を支えた石炭エネルギーは、やがて石油にとって代わられた。三井三池炭鉱も一九九七（平成九）年に閉山し、三池港は石炭積出港としての役目を終えた。港はその後整備が進められ、一万トン級の船舶が往来する物流拠点・交流拠点として、新たな百年の礎となる動きが進んでいる。

琢磨が築いた三池港のドックは、開港百年を経た今も現役として稼働している。三池炭鉱、三池港の両施設は「明治日本の産業革命遺産　九州・山口」として二〇一五（平成二十七）年、世界産業遺産登録を受けた。

二〇〇一（平成十五）年、團伊玖磨は大牟田市内で「記憶の中の團琢磨」と題して講演し、祖父・琢磨についてこう熱っぽく語った。

「祖父ほど僕の一生に影響を与えた人物はいない。僕にとって昭和恐慌の不安が子供ながらにも伝わり、軍国主義の臭いが強くなっていく象徴が、祖父の理由のわからない死だった。祖父が百年先を見据えて三池港を築港したように、日本人の心に埋まり開発されていない音楽を、僕は見つけたかった」

自ら指揮した混声合唱組曲『筑後川』のＣＤには、團伊玖磨のこんな言葉がしたためられている。「人の命は滅びるが作品は何百年も歌われ生き続ける」。まるで琢磨の築港への決意と符合するかのようだ。

「記憶の中の團琢磨」と題した大牟田での講演は、琢磨について語られることが少ないこの町にあって、三池炭鉱が閉山した今こそ琢磨の功績をきちんと残しておくべきだ、それも直系の人の話で、と私が大牟田の人たちにかけ合い、團さんの講演会へ漕ぎつけたものだった。

「團伊玖磨さんの音楽を楽しむ会」の第一回プロデュースとして手掛けた柳川での「白秋のまち」の音楽会（二〇〇一年三月二十八日）と一連のものとして企画した講演会だった。

あわせて團琢磨の遺品展開催についても、團さんは私の申し出を快く引き受けてくれた。門外不出と言われた凶弾で穴の開いた琢磨の背広も遺品展に提供してくださった。

あの年から十数年が経ち、大牟田では、関連施設のユネスコ世界産業遺産登録への市民の関心が高くなっていた。この機会に、「團伊玖磨記念『筑後川』コンサート」をぜひ開催したいと思い、計画を進めた。

開催テーマを「有明の海　三池港に響け『筑後川』」として構成した。これに対し、実行委員会からは「有明の海　三池港に響け團琢磨のこころと『筑後川』」と「團琢磨のこころ」が入った。地元の琢磨への強い思いが込められ、テーマが決定した。十数年前の團さんの講演会が、結実した嬉しさを感じた。

そこで私は新しいまちづくりに挑む大牟田の勢いを表現し、琢磨が礎を築いた施設とともに文化や歴史も継承されてほしいと願い、大牟田を代表する民謡『炭坑節』を合唱曲に編曲することを考え、「混声合唱曲」に委嘱し初演することを決めた。

「さぞやお月さんもけむたかろー」と歌われる高い煙突は、琢磨が米国で学んだ技術の裏付けであると團さんが話していた。またＮＨＫテレビ番組「歴史発見」の撮影で一九九三（平成五）年二月に、團さんが同市高取小学校を訪れ、児童と『炭坑節』を踊ったことも團さんから聞いていた。編曲は作曲家の三沢治美さんに委嘱した。

そしてコンサートのサブイベントとして、

・三池港で歌う『筑後川』

・團琢磨と團伊玖磨資料展（大牟田市石炭産業科学館）
・「記憶の中の團琢磨」講演ＤＶＤの上映と朗読の会
の三テーマを関連企画として並べた。

三池港で歌う混声合唱組曲『筑後川』は、二〇一四年一月十九日に、二五〇名の合唱団員が参加し、團伊玖磨が『筑後川』に込めた思いを祖父に届けとばかりに有明海を背に歌声を響かせた。

会場となる大牟田文化会館大ホールでは、五〇〇名の合唱団全員が舞台にあがって『筑後川』大合唱ができることから一回公演とし、第一部「わがまちの歌・故郷讃歌」、第二部「團伊玖磨作品を歌う」の構成で進めた。

二〇一四年三月九日、「團伊玖磨記念『筑後川』ＩＮ大牟田」が始まった。

第一部では新編曲した『炭坑節』を「大牟田合唱連盟合唱団」が初演した。團伊玖磨作曲の明光学園校歌と大牟田商業高校校歌も披露された。

第三部では九州をはじめ茨城や東京、滋賀など全国から参加した総勢五〇〇名が、第1章「みなかみ」から「ダムにて」「銀の魚」「川の祭」そして第5章「河口」を現田茂夫指揮、二台のピアノで大合唱した。これまで最も多い合唱人員での『筑後川』となった。

五百名という人数での『筑後川』大合唱は、これまで一度もなかった。人数の多さを誇ることだ

團琢磨が築港した三池港に250名が集い、團伊玖磨作曲『筑後川』を
高らかに歌い上げた（福岡県大牟田市、2014年1月19日）

アンコールで指揮の現田茂夫さんから舞台に呼び出された著者
（大牟田文化会館大ホール、2014年3月9日）

團伊玖磨記念『筑後川』IN大牟田のクライマックス、
総勢500人による『筑後川』大合唱（大牟田文化会館大ホール、2014年3月9日）

けがベストではないが、常々機会があればやってみたいと思っていた。

大牟田文化会館大ホールの舞台に勢ぞろいした五〇〇名の大合唱団の姿は、やはり想像以上の壮観さであった。現田茂夫が、丹念な練習で見事につくりあげた『筑後川』には、聴衆も合唱団も心酔した。

8

團さんは死んではいないのです

福岡県八女市

♪いりこ　じゃがいも
夏豆　かぼちゃ
鼻をくすぐる味噌の香は
幼い頃の　夢の味
幼い頃の　夢の味♪

福岡県南部の山ふところに抱かれた八女市黒木町で、今も歌い継がれる「だご汁の歌」だ。作詞は地元の文筆家・今村圀彦《くにひこ》で作曲を手掛けたのは團伊玖磨。團さんは陸軍軍楽隊時代の上官が住むこの町と、上官が振る舞うだご汁をこよなく愛し、久留米の公演に来るたびに、八女に足を運んで交流を重ねた。だご汁は、この地のありふれた家庭料理である。

「〝班長殿〟の顔が見たくなって来ましたよ、って。来ると必ずこう話していましたね」

黒木文化連盟の前会長、吉村誠さん（九十六歳、二〇一八年二月七日逝去）が懐かし気に振り返る。吉村さんは東京・新宿にあった陸軍戸山学校の下士官時代に團と出会った。東京音楽学校（現・東京芸大）に籍を置いたまま、軍楽隊に入隊してきた團さんは、いわば部下。「班長」として終戦までの二年近く、苦労をともにした。

「特別かわいがったわけでもないのに『恩義は忘れません』と言ってくれて……。当時からとにかく真面目な人でした」

ふるさとの福岡県黒木町に戻って、食料品店を経営していた吉村さんを團さんが初めて訪ねてきたのは、一九六九（昭和四十四）年。その前年に混声合唱組曲『筑後川』が久留米で初演され、久留米に来る機会が多くなった團さんは、〝班長殿〟の住む八女をたびたび訪れるようになった。八女の風土を愛し、八女の味に親しみ、八女の人たちとの交わりを重ねていく中から、矢部川の風物を歌った混声合唱組曲『筑後風土記』（作詞・栗原一登、一九八九年）や『八女消防の歌』（作詞・今村図彦）、『八女学院校歌』（作詞・中島宝城）、そして『だご汁の歌』などが作曲されていった。

黒木町の素戔嗚《すさのお》神社境内の「黒木大藤」（国指定天然記念物）は、樹齢六百年以上と伝えられ、エッセイストとしても知られた團さんが『パイプのけむり』に「八十八夜」の題で紹介して一躍全国区になった。團の命日の五月十七日には、毎年、文化連盟主催の碑前祭「だご汁忌」が営まれ、地元の子供たちが『だご汁の歌』を合唱して遺徳を偲んでいる。「だご汁忌」を始めたのが吉村さんで、参加者にはだご汁が振る舞われる。

五月十七日の團さんの祥月命日《しょうつきめいにち》を選んで開かれた「團伊玖磨記念『筑後川』IN八女二〇一五」の会場に車椅子で来場した吉村さんはこう語る。

「人は思い出の器だ。死者の記憶を大切にしていくこと、これを一人でも多くの人に伝承していくこと、私たちが語り継いでいる限りは、團さんは生きている、死んでいないのです」

私も、吉村さんがお元気なうちにコンサートを開くことができて感無量だった。

耐震の新築工事が完成した会場の八女市民会館ハーモニーホールでは、全国から五〇〇名の愛唱者が集う『筑後川』の大合唱。現田茂夫の指揮、二台のピアノによる『筑後川』合唱団が、二組に分かれ、「みなかみ」、「ダムにて」、「銀の魚」、「川の祭」、「河口」の全章を響かせた。

また、團作曲の混声合唱組曲『筑後風土記』や歌曲の『はる』、『子守り唄』などが合唱曲として歌われた。「八女児童合唱団」は、児童合唱版編曲による「河口」を歌った。この町では『筑後川』や『筑後風土記』が、バレエ音楽に振付けられ上演されている。

今回の「わがまちの歌」(第一部)では、柳川の白秋を歌う「コーラス蘭の会」が生誕百三十年を迎えた北原白秋の「社歌」を歌って注目された。山田耕作とのコンビで八幡製鉄や三菱長崎造船所の社歌をはじめ、九州には数多くの社歌が残されている。今回は「柳川商工会の歌」と久留米のゴムメーカーの二社（つちや足袋とあさひ足袋）の社歌が歌われた。

山田浩子さん（山田耕作息女）からは次のようなメッセージが届いた。

今回は山田耕作の作曲による社歌も演奏される由有難う存じます。耕筰は北原白秋と組んで数多くの社歌をつくりました。それらの作品を実際演奏会で聴く機会はめったになく貴重な機会でございます。月日の経つのは早く、團先生がお亡くなりになりやがて十五年。團先生を記念するコンサートが毎年続けられておりますことは、中野様始め御地の方々の團先生への思いが益々深くおおきなうねりとなっていることを尊敬申し上げます。

今回のコンサートで最大の関心事は、合唱組曲『唐津』（全7章）が、「福岡日本フィル協会合唱団」によって全曲初演されることだった。佐賀県唐津市の市制五十周年を記念し一九八三（昭和五十八）年に作曲されたが、三十四年間、日の目を見ることなく眠ったままになっていた。團との数々の曲でコンビを組んだ八女出身の劇作家栗原一登（一九一一年～九四年）が歌詞を書いた。今回の開催地の八女が、作詞の栗原の出身地で、團伊玖磨の祥月命日と開催日が重なったため「最後のタイミング」と判断し、この日に初演を目指した。

『唐津』の初演をした福岡日本フィル協会合唱団
（八女市民会館ハーモニーホール、2015年5月17日）

作曲以来34年間、日の目見なかった
團伊玖磨手書きの『唐津』楽譜

玄界灘の風景や、窯の中で焼かれる唐津焼の様子、地元に伝わる佐用姫伝説など、唐津の自然や文化を歌った合唱組曲『唐津』を、合唱団は暗譜《あんぷ》で歌い会場を圧倒させた。

團さんから合唱組曲『唐津』の楽譜の存在確認を頼まれたのが、二〇〇〇年北九州リーガホテルでのことだった。そして楽譜の確認が出来たのは團さんが亡くなった後だった。

團さんは自身の美学を重んじてのことと思うが上演されない悔しさを表にあらわさなかった。しかし、栗原さんからは「唐津での上演がだめなら久留米でもいい」と『唐津』が上演されるように懇願されていた。一九八九年に二人のコンビで作曲された混声合唱組曲『筑後風土記』の初演会場、久留米の石橋文化ホールでのことだったが、この時手渡された『唐津』の栗原手書きの原詩は、今も私の手元に大切に残っている。

『唐津』の委嘱者、唐津市を何度も訪ね上演を要請したが、市側の特別な事情が入り組んでいて実現が難しかった。しかたなく私は、「團伊玖磨記念『筑後川』コンサート」での上演を考え、楽譜の写しを頂き、まず「小国二〇〇七」の会場で部分初演（第3章）した。

全曲初演までには相当の準備を要した。幸い團伊玖磨の混声合唱組曲『川のほとりで』の九州初演など、積極的に團作品に取り組む「福岡日本フィル協会合唱団」と出会い、『唐津』の演奏をお願いしたところ、快く引き受けて下さった。『唐津』の初演が実現するまでは、「團伊玖磨さんの音楽を楽しむ会」は活動をやめるわけにはいかないと公言していた私にとっては、天にも昇る思いだった。

全曲演奏の機会に恵まれぬまま曲は眠りにつき幻の合唱組曲と呼ばれるまでになっていた。時間はかかったが、栗原一登の息女で女優の栗原小巻《こまき》さんの協力も得ながら『唐津』の上演ができたことは大きな責任を果たした思いがした。

合唱組曲『唐津』初演の日、小巻さんから次のような励ましのメッセージを頂いた。

父は愛する故郷という強い思いの中で『北九州』、『横須賀』、そして『唐津』を作詞しました。父が願ったのは戦争のない平和な故郷、平和な祖国です。作詞・作曲者二人の思いを継ぎながら歌われることを願わずにはいられません。福岡日本フィル協会合唱団の皆さんに心からの拍手を贈ります。

この日初演された『唐津』は、翌年カワイ出版から楽譜が発行され、二〇一七年十月には「文京混声合唱団」によって「東京初演」も行われた。

9

太平洋をバックに『筑後川』

東京都八丈町

東京から三〇〇キロメートル、太平洋上の八丈島に團伊玖磨のアトリエは建つ。混声合唱組曲『筑後川』（一九六八年作曲）を構想し、七曲目のオペラ、新国立劇場のこけら落とし公演『建・TAKERU』（一九九七年）など、数々の作品がこのアトリエから生まれた。

團が八丈島にアトリエを構えることになったのは、一九六二（昭和三十七）年に作曲の師・山田耕筰（一八八六〜一九六五年）に伴われ初訪島したことに始まる。八丈島芸術構想を持っていた山田の「僕はここに建てるから、君はそこにしなさい」という一言で、アトリエ建設が決まった。島の自然が気にいり、翌六三年にアトリエを完成させ、創作の拠点とした。

混声合唱曲『岬の墓』（堀田善衛・作詞）の楽譜に、作曲者の團伊玖磨は、「完成間もない八丈島の書斎（アトリエ）で作曲を完結した」と書いている。『岬の墓』は一九六三（昭和三十八）年に木

アトリエの屋上に上がり
太平洋をバックに
『筑後川』を合唱

八丈島の團伊玖磨のアトリエ
数々の名曲がここで生まれた

下保指揮、ＣＢＣ合唱団により初演、同年の第十八回芸術祭合唱部門で芸術祭賞、文部大臣賞を受賞した。

團は作曲の傍ら、島の素晴らしさをエッセイ集『パイプのけむり』などに数多く著した。また、「八丈島の人々に芸術性の高い音楽を」との思いから、一九七〇年から「八丈島夏の夜のコンサート」を毎年開催した。会場の高校の体育館は、毎回聴衆で一杯になった。一九九二年のオペラ『夕鶴』公演では、八丈島の小学生も一流の声楽家に交じって立派に舞台をつとめた。その初回から二十一回出演したソプラノ歌手・伊藤京子さんから、暑さ凌ぎに氷柱を立て学校の体育館で歌った様子を聞いていたが、コンサートは三十年間続いた。團の逝去後は、團を偲ぶ地域住民コンサートがアトリエ庭園で開かれている。一九七三年、團の功績に対し八丈町は「名誉町民」の称号を贈った。

「名曲誕生の地八丈島に響け　全国『筑後川』ファンのハーモニー」のテーマで、「團伊玖磨記念『筑後川』ＩＮ八丈島二〇一五」が、十一月一日に開かれた。

二〇〇二年から始まったゆかりの地を巡る『筑後川』流域コンサートが、人口約八百名の、東京都八丈町「おじゃれホール」（収容四六二名）へ渡った。九州での『筑後川』に参加してきた「八丈混声合唱団」が、全国二〇〇名の『筑後川』愛唱者を迎え、現田茂夫（神奈川フィル名誉指揮者）指揮のもと『筑後川』全章を暗譜で歌い上げた。

プログラムの第一部は、「八丈島の歌声」から始まり、「八丈混声合唱団」などが、團作曲の『大賀郷小学校校歌』、『海を探しに行こう』（辻井喬・作詞）を歌い、島に伝わる『八丈舟唄』を披露した。

第二部の「團伊玖磨作品を歌う」では、「『岬の墓』を歌う会」（東京）が、八丈島で作曲された『岬の墓』を、九州を母体にした「團伊玖磨記念『筑後川』合唱団」は『花の街』や『だご汁の歌』を歌った。また鹿児島の女声合唱団「カノーネ」と「かいこうず」は、女声合唱組曲『桜島の詩』（齋藤律子・作詞　齋藤正浩・作曲）を歌った。そして混声合唱組曲『筑後風土記』（栗原一登・作詞）の東京初演の経歴を持つ「文京混声合唱団」は、合唱組曲『武蔵野』（島崎光正・作詞　飯沼信義・作曲）を、前年八女での『筑後川』コンサートに初参加した「大阪市民混声合唱団」は、淀川を讃えた合唱組曲『澪・ＭＩＯ』（中村扶実・作詞　山口聖代・作曲）を披露した。

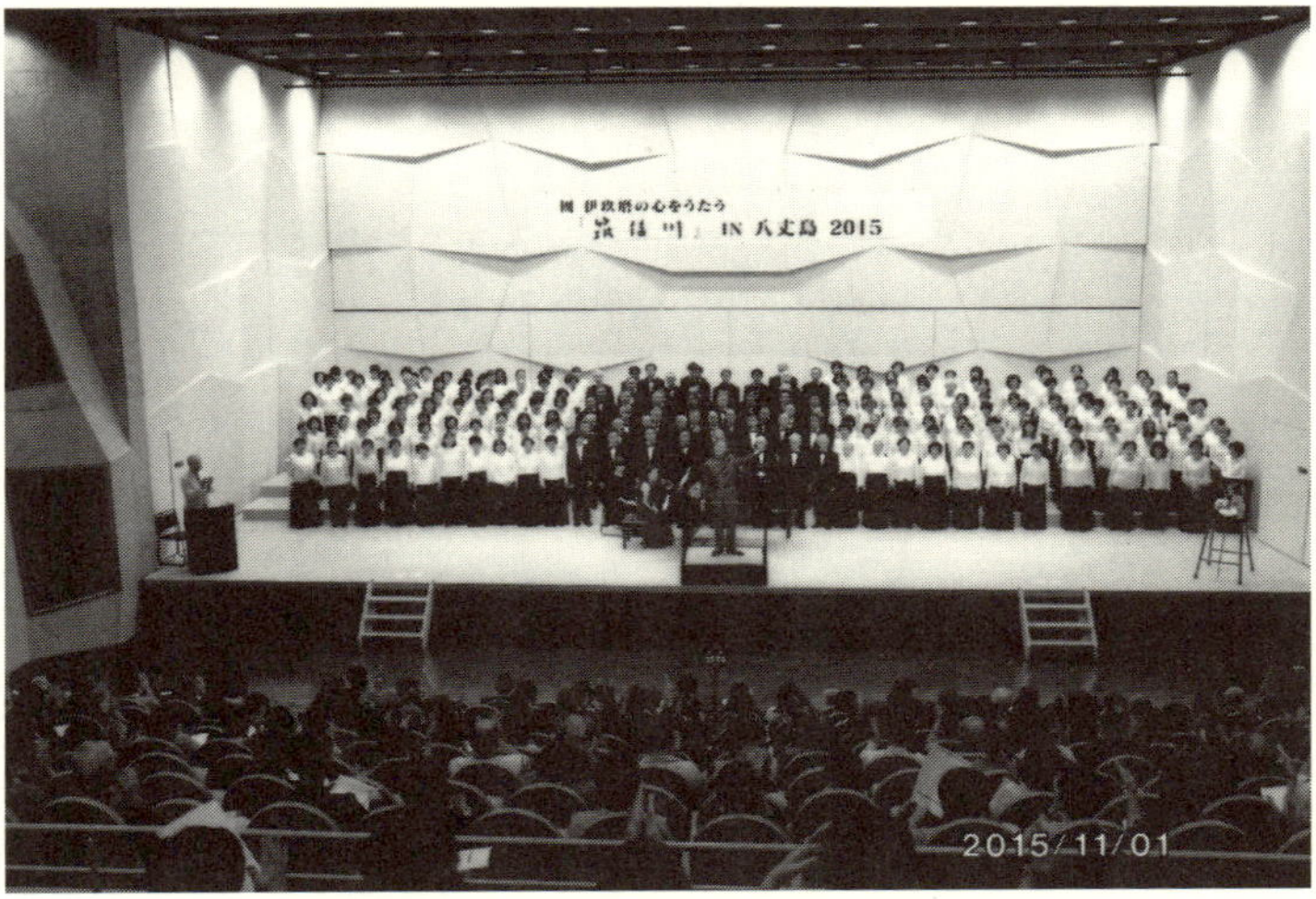

『筑後川』IN八丈島2015、九州からの100人に
各地からの参加者合わせて230人がはるばる海を越えて訪れ、『筑後川』を大合唱
（八丈町おじゃれホール、2015年11月1日）

第三部は、現田茂夫指揮『筑後川』大合唱。地元合唱団と全国『筑後川』愛唱者二三〇名のハーモニーが、新装のホールに響き渡った。現田は「團先生の作品を世界に広めていきます」と挨拶、聴衆と共にアンコール曲の『花の街』を歌い、幕を閉じた。

参加者は「八丈混声合唱団」や町の人たちとの交流会を重ね、案内された團さんのアトリエでは、太平洋をバックに『筑後川』を合唱。團への思いを馳せ、更に歌い継ぐ決意を新たにした。

10

『西海讃歌』と『筑後川』

長崎県佐世保市

ゆかりの地を巡る『筑後川』の中でも、團伊玖磨とその色が濃いのは佐世保だろう。

團の葬儀の日、告別式会場に流れていた音楽は「佐世保市民に捧ぐ」の献辞が付された自身の作品、管弦楽と合唱のための『西海讃歌』だった。

『西海讃歌』は、長崎県平戸出身の藤浦洸《こう》の詩「空いっぱいに」に、團さんが曲を付けた作品である。「佐世保市民管弦楽団」の理事長をされていた富永雄幸さん（故人）が、久留米で混声合唱組曲『筑後川』の初演を聞いて感激し、佐世保にもこんな曲がほしいと團さんに依頼したのが始まりだった。そして西海国立公園の風景を称えた藤浦洸の詩をもとに管弦楽付き合唱曲としてつくられた。團さんの指揮、市民管弦楽団と市民合唱団によって一九六九年に初演された。その後、地元のテレビの天気予報のバックに流れたりして、佐世保市民に次第に定着していった。

團伊玖磨記念『筑後川』IN佐世保　500名の『筑後川』大合唱
（アルカスSASEBO大ホール、2016年11月6日）

團さんは亡くなる五十日前、柳川の「白秋のまち」の音楽会で白秋の『邪宗門』を主題にした声楽付きの交響曲を、二〇一二年九月に佐世保市で九州交響楽団と初演することを公表した。幻の交響曲となったこの七曲目の交響曲は、佐世保市からの委嘱で、この町との関係は、亡くなるまで続いていた。

「團伊玖磨記念『筑後川』IN佐世保」は、二〇一六（平成二十八）年十一月六日、アルカスSASEBO大ホールで開かれた。「佐世保市民管弦楽団」、「アルカスジュニアオーケストラ」と合唱団が『西海讃歌』を演奏、現田茂夫指揮五〇〇人の合唱団は、二台のピアノによる合唱組曲『筑後川』を歌った。

この二曲の間に、「大川グリーンハー

モニー」、「桐の花女声合唱団」、「古賀メロディーギターアンサンブル」（いずれも大川市）、「鳥栖市民合唱団」（佐賀県）、「みのう音楽祭『筑後川』を歌う会」（福岡県うきは市）による「わがまちの歌」（第一部）が歌われた。

第二部「團伊玖磨作品を歌う」では、「福岡日本フィル協会合唱団」が合唱組曲『唐津』（栗原一登・詞）を、「波佐見《はさみ》児童合唱団」（長崎県）が團伊玖磨童謡歌曲メドレーを披露した。

実行委員会会長代行の富永一子さんは、團さんの終焉の地、蘇州市での『筑後川』公演にも同行し、『筑後川』流域コンサートを最初から見守ってきた。

その富永さんから流域コンサートが長く続いている要因は何でしょう、と問われた時、私は「『筑後川』は人の気持ちで成り立っています。私たち夫婦が手作りで、できる範囲のことをやっていることが、五〇〇名の心がひとつにまとまり、音楽と人のハーモニーになっているようです」と答えた。笑顔の團先生の周りを合唱団が輪になって囲んでいるチラシのデザインはそれをあらわしている。佐世保の実行委員会の会長を務めた富永雅也さんは、『西海讃歌』の作曲を團さんに依嘱した故・富永雄幸さんの長男。親子二代にわたる思いが込められた佐世保だった。

11

古代日本の「西の都」太宰府に響く『筑後川』

福岡県太宰府市

地域にはそれぞれ歴史があり、史跡、古い建物、町並み、伝統行事などがある。こうした文化財群をつないだ魅力あるストーリーを日本の文化・伝統を物語ったものとして国が認定するのが「日本遺産」である。

わが国初の「日本遺産」として、二〇一五（平成二十七）年に認定されたのが太宰府市。「古代日本の『西の都』太宰府に響く『筑後川』」のテーマで、「團伊玖磨記念『筑後川』IN太宰府二〇一七」は開かれた。

四百年ほど前太宰府に祖先が住んでいたと語っていた團さんは、福岡、久留米に来演するたびに大宰府政庁跡などを訪れていた。独唱・混声合唱・フルートとピアノのための組曲『長崎街道』（辻井喬・作詞）には、その時の印象が「太宰府の春」として折り込まれている。この曲は地元の

「太宰府混声合唱団」（指揮・尾籠一夫）が、「團伊玖磨記念『筑後川』IN日田」の会場で歌い継いできている。

地元の太宰府中学校校歌も團伊玖磨作品として残る。

二〇一七（平成二十九）年十月二十九日、会場の「プラム・カルコア太宰府」には全国から九〇〇名の合唱参加者が集い、午後の部、夕方の部の二部に分かれ、別々のプログラムで開催した。

構成テーマは、「太宰府の昔のうた・今のうた」。およそ千二百年前、菅原道真が京の都から左遷され太宰府に赴任し詠んだとされる和歌「東風《こち》吹かば　にほいおこせよ梅の花　主なしとて　春な忘れそ」が、混声合唱曲『飛梅』として三沢治美さんにより作曲され、「太宰府混声合唱団」、「女声合唱団うめの実」、「メール・クワイア筑紫」の三合唱団によって初演された。

万葉歌碑の多いまちとしても知られる太宰府市、地元の「コール秋桜」は、信時潔《のぶとき》作曲の和歌の作品などを披露した。筑後川流域の合唱団は「わがまちの歌」（第1部）、團伊玖磨作品（第二部）を歌った。

第三部『筑後川』大合唱は、五〇〇名の参加者が、午後の部、夕方の部の二組に分かれ、現田茂夫指揮のもと「西の都」に歌声を響かせた。

コンサート前の十月八日（日）には国指定名勝・大宰府政庁跡に『筑後川』愛唱者が集い、秋空の下に三〇〇名の大合唱を繰り広げた。

太宰府市役所市民ギャラリーでは、約一か月間「太宰府と團伊玖磨展」のパネル展が開かれ、四

大宰府政庁跡で300名の『筑後川』大合唱（福岡県太宰府市、2017年10月8日）

十点にのぼる写真や資料でそのゆかりを偲んだ。

太宰府の会場には、十六年間の開催地の歴代実行委員長の姿が数多く見られた。毎年、これまでの開催地の実行委員会のメンバーの方々が会場に駆けつけ、応援してくださっている。太宰府には小国町長宮崎暢俊氏（二〇〇二年開催当時）夫人や、二〇一四年の大牟田市古賀道雄市長（当時）、福岡市桧原開催時（二〇一三年）の石井聖治副会長など、多くの方が来てくださった。舞台上に置かれたこれまでの開催地が刻印された「バトン」と合わせ、司会の川野一宇アナウンサーが客席の実行委員を紹介した。

「追っかけ」と自称する聴き手の顔なじみの方も、これまでの会場に足を運んでくださった。ＮＨＫ「ラジオ深夜便」で催しを知った東京渋谷区の清見登久子さんもそのひとりで、大川（二〇〇六年）、小国（二〇〇七年）、朝倉（二〇〇九年）と来られた。追っかけ仲間のひとり太宰府市の中原幹雄さんが、帰京される清見さんを福岡空港まで車で送ってくださったこともあった。城島町出身で、東京で「有薫《ゆうくん》酒蔵」を経営していた高山亀雄さん（故人）も、毎年のように駆けつけてくださった。團伊玖磨さんの妹の西尾珪子さんも東京から来てくださって、楽屋で出演を待つ合唱団に激励の言葉をかけておられた。

團伊玖磨記念『筑後川』IN太宰府の解団式で挨拶をする著者
（プラム・カルコア太宰府、2017年10月29日）

『筑後川』を歌い終えた合唱参加者は、毎回、仲間同士で喜びを分かち合い、再会を約束して全国に散っていく。

「太宰府」で『筑後川』を歌い終えた合唱団に、神奈川実行委員会のメンバーが、二〇一八（平成三十）年の開催地への参加を呼びかけておられた。團さんの自宅があった葉山町（神奈川）で作曲された混声合唱組曲『筑後川』は、二〇一八年に作曲から五十年を迎える。生誕地、神奈川の横浜みなとみらいホール（大ホール）で、二〇一八年七月十六日（海の日）の開催が企画されている。

第五章　夫婦で歩いた二十年

1

十人十色　全国からの愛唱者を迎える

「團伊玖磨さんの音楽を楽しむ会」は、混声合唱組曲『筑後川』を歌う全国の仲間と筑後川流域の合唱団がひとつになって歌おうという團さんの思いを生かし、常に参加しやすい環境をつくり、愛唱者を広く迎えるコンサートを目指してきた。

参加資格は、

①『筑後川』全章を歌ったことがあり、本番当日は暗譜《あんぷ》で歌える人

②本番前日のリハーサルに参加できる人

この二点だけである。團作品の音楽性を保つため「暗譜」は必須条件とした。

二〇〇二（平成十四）年、三二五名の参加者で始まった最初の小国町を終えた後、次の吉井町で

は、「午後の部」、「夕方の部」と一日二回公演となった。一日三回公演という年もあった。参加者が多数になり、一回公演の舞台では収まらなくなったからだ。予想もしていないことだったが、参加申込者をもれなく迎え入れるという気持ちから、公演数を増やして対応した。

小国から流れ始めた『筑後川』は、川幅が段々広くなるように参加者は増え続け、五年後の大川では六五〇名となった。團さんが「河口の大川に辿り着いた頃には四〇〇～五〇〇名になっているでしょう。その時は筑後川昇開橋で横一列になり歌いましょう」とおっしゃっていた。一九九九年二月十一日、横須賀の自宅でのことだった。

「指揮はどこでおやりになるんですか」と、調子に乗って私も聞いてみた。

「川に浮かべた舟の上でしょう。ヘンデルの水上の音楽ですよ」と遠くの空を見上げて話された。

参加者全員が勢揃いするのは、本番前日である。参加者たちは、再会を喜び合うのも束の間、すぐに現田茂夫先生指揮のもと全体練習に臨む。

その一か月前から流域の合唱団は、現田先生を迎え、『筑後川』の「合同練習」を行ない全国の仲間を迎える体制をつくる。より磨きをかけ本番に臨みたいと、遠くから事前の「合同練習」にやって来る個人参加者もいる。こうして約二十の合唱団と、個人参加の人を合わせ、毎回、五百名から六百名の愛唱者が集うのである。合唱団として参加する人と、たったひとりで楽譜を携え全国各地から来られる個人参加者とが、混在するのである。新たに参加される人がいれば、毎回参加される個人参加の人もいる。参加者たちは、会を重ねるごとに、すっかり顔なじみになって、旧知の間柄になっていく。

十人十色という言葉があるように、人それぞれに個性も好みもさまざま。そこには〝私たちの『筑後川』〟と〝私の『筑後川』〟が存在する。まさに十人十色といった感じである。『筑後川』との取り組みの経験も曲の感じ方もみんな異なる。

五百名の声と音楽への思いを一つにまとめることは容易なことではない。一人ひとり好きな色を自由に塗っていた絵葉書を、一つの大きな絵にしなければならない。毎回、前日リハーサルで大きな絵の輪郭を描き、すべての人が美しいと思う色を表現していく。飽くなき挑戦なのかもしれない。

それでも忙しい日々の中、全国から集まった人たちが創る『筑後川』の大合唱には、心を奪われるものがある。現田先生の團作品にかける情熱、厳しい音楽創造への要求、温かい人柄が、その源泉に他ならない。そして、それぞれの人たちが感動を希求し、挑戦していく気持が大きな喜びを創り上げているのだろう。

『筑後川』大合唱　本番までのスケジュール

合唱団ごとに
『筑後川』の練習
を重ねる

➡

合同練習
本番の会場に集い
現田先生の指揮で
合同練習
本番１か月前

➡

前日リハーサル
本番前日のリハーサル
本番の配置

本番当日
ゲネプロ（GP）

本番

練　習　段　階

本　番　を　迎　え　る

＊巡回指導
　曲想の統一
＊ピアニストと指揮者練習

＊全国からの個人参加者が加わる

本番一か月前の『筑後川』合同練習（小国中学校体育館、2007年9月8日）

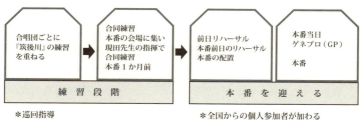

2

「さより」のオルゴール

「團伊玖磨記念『筑後川』コンサート」の開演を告げるのは「さより」のオルゴール曲である。北原白秋作詩の「さより」は、二十一歳の團さんが歌曲集『六つの子供のうた』に収めた一曲で広く知られている。

著名な随筆家でもあった團さんは、全国の高校生が応募する「水のエッセイコンテスト」の審査員をつとめ、若い世代へ期待を寄せていた。團さんが亡くなった二〇〇一年から、コンテストの優秀作品一点に「團伊玖磨記念賞」として、このオルゴールが贈られている。

オルゴールが鳴り終わると「わがまちの歌」の幕が開く。

第一部・わがまちの歌、第二部・團伊玖磨作品をうたう、第三部・合唱組曲『筑後川』大合唱。

これらは、「團伊玖磨記念」の冠名を含め、團さんの思いに寄り添うものであってほしいと希った構成で、二〇〇二年から変わることなく現在も続く。

私は、日頃から各地のコンサートを自分の足で回り、できるだけ多く聞き「取材」を続ける。『筑後川』コンサートの主催地が決まってくると、企画の初期段階から、その地域の合唱団の人たちと何回も会って話を交わし、出演者や曲目を決める。いつも一緒に創りあげる気持をもって臨むことを大切にしてきた。たとえ両者間に隔たりがあっても、二回、三回と話をしていくうちに互いに打ち解け、一つの企画が出来上がる。その間、楽譜を入手したり、編曲を依頼したりする事柄も生じる。

第6回九州沖縄芸術祭プログラム（1974年）

第一部の「わがまちの歌」を始めたのは、團さんの次のような思いに由来している。

　日本の音楽は西洋からの輸入で始まりました。そして徐々に輸入された洋楽が定着するにつけて日本の作品が生まれ始めました。そして百年後、今私たちは、自分たちの作品を自分たちの周囲から生み出す大切な時期に差しかかっています。

私が一生懸命に父祖の地である九州各地の音楽を作曲し続けている理由も、私たちの音楽を、私たちで作ろうという意欲に燃えての最も現代的な考えを実行に移しているにほかなりません。

(後略)

(一九七四年第六回九州沖縄芸術祭・「團伊玖磨のすべて」プログラム)


『筑後川』が、東京でも大阪でもない九州の川のほとりから歌い始められたことに、團さんは誇りをもっていた。また北原白秋、古賀政男、中村八大のようなわが国を代表する作曲家や詩人の故郷である筑後川流域に、「わがまちの歌」が、数多く存在し歌われていることも知っていたのである。


第二部の「團伊玖磨作品をうたう」は、「九州をテーマにした九州作品が二曲、三曲と『筑後川』と輪になっていくのが楽しみ」と、語っていた團さんの思いを具現化するコーナーとして設けた。

『北九州』、『西海讃歌』、『筑紫讃歌』、『交響詩・伊万里』のようなオーケストラを伴う大曲から合唱曲、校歌などを含めると、團さんの「九州作品」はおよそ五十曲にのぼる。

『筑後川』の作詞者・丸山豊とのコンビで、五年ごとに作曲した混声合唱組曲『海上の道』、『大阿蘇』、『玄海』もあるが、『筑後川』ほど演奏されてはいない。八女地方で親しまれている『だご汁の歌』や『長崎街道』や『筑後風土記』などもある。

「五十曲の九州作品を上演したら一週間かかりますね」と團さんと話したことがあった。

そして第三部の混声合唱組曲『筑後川』大合唱は、全国からの愛唱者と筑後川流域の合唱団がひとつになって歌い、コンサートの幕を閉じる。


三部構成による内容は、まったく変えずに続いている。どこまでもマンネリズムのワンパターンを貫いている。「本物は続く、続けると本物になる」と教わったことがある。続けることで作品に深みが出てくるように思う。

本番前日のリハーサルは、『筑後川』の合唱練習で舞台を占有するため、第一部と第二部の舞台練習はできない。そもそも大合唱は、全員が舞台に上がるので、合唱団ごとの練習はできない。いつもぶっつけ本番である。私が自分で進行台本を書き、当日の舞台進行を一手に引き受けているのも、このぶっつけ本番からきている。そうしないと、急なトラブルに対応できない。二年近くかけて企画構成してきたものが、本番でうまくいかなければ商品価値がなくなるとの思いで臨んでいる。

それにもまして、これまでの『筑後川』コンサートが一分のズレもなく予定時間通りおさまっているのは、司会の川野一宇アナウンサーのプロの力のお陰である。私にとっては自分自身との戦いの場でもある。

3

継続の肝は「感動」にあり

「感動した！」。小泉純一郎首相が、大相撲夏場所で優勝した横綱貴乃花関に叫んだのが二〇〇一年。「人々の感動した気持ちをつかんだ言葉」として注目を集めた。私も「感動した！」と参加者や客席からこの言葉を聞くことができるように、毎回の『筑後川』の企画、演出にあたっている。

山口県の日本海に面したJR仙崎駅で迎えてくれるのは、壁一面のモザイク面だ。特産のかまぼこの板二万枚を使い、商工会議所の若手が、二〇〇八年に完成させたものだ。一枚一枚に観光客らが書き込んだメッセージの中に、「みすずさんに会いに来ました」とある。小さな漁師町仙崎は、童謡詩人金子みすずの故郷だ。駅前に伸びる「みすず通り」の家々には、それぞれが一番好きな詩が掲げてある。

『筑後川』の愛唱者は、一人ひとりが「私の筑後川」の思いを秘めて、筑後川のほとりへやってくる。私は、その光景を見るたびに、仙崎のまちの風景に似たものを感じる。五百～六百人と『筑後川』を歌うために集まった人たちは、その数だけの『筑後川』を持っている。『筑後川』が、好きで好きでたまらない人たちに「思い出に残る『筑後川』にしてください」と私はいつも繰り返し言う。「よい演奏をしてください」とは一言も言わない。それぞれが、自分の達成感を得るために、遠いところから集まっているからだ。

五年を終え、二巡目に入った二〇〇七（平成十九）年の「小国」のプログラムの参加メンバー一覧に、「五年連続出場者」を表す印が入った。なんと四百名のうち二百名が「五年連続出場者」だった。『筑後川』を支えてきた人たちだ。

参加者は、同心円状に広がっていった。全日本合唱連盟機関誌「ハーモニー」の『筑後川』を歌いに来ませんか」の記事を見て申し込む人。「團伊玖磨さんの音楽を楽しむ会」の公式ホームページを見て参加する人。仲間から誘いを受けて参加する人。「大合唱の妙味」を経験したい、全国の仲間と歌う楽しさを共感したい、作曲の原点となった筑後川流域の風物に触れてみたいと、きっかけも動機も様々である。

「毎年同じ曲を歌う、そんなことで参加者がありますかね」と、心配する人もいた。そのたびに、「よい曲はいつ、何回歌ってもいいよ」と、「非常識」の重要性を説いてきた。『筑後川』は何度歌っても飽きのこない魅力満載の作品、これだけは間違いなさそうである。

生のコンサートは、作り手の思いがむき出しになる場面が多々ある。

「『筑後川』流域コンサート」は、ありのままの姿で客席とひとつになった空間にしたいという思いから、舞台上の照明は開幕から終曲まで消されることはない。舞台上にはいつもピアノが置かれ、合唱団の舞台入りから退場まで、明かりが点いた状態で動く。その間を司会の川野一宇アナウンサーの話がつなぐ。上演中、舞台も客席も明るい。同じ舞台で、観客も一緒に空間を味わう。客席も息をのんで静まりかえっている。

舞台上に掲げられた團伊玖磨の写真、歌う合唱団、その作品、そして客席が最初から最後までひとつの明かり（照明）で通す。素朴な、自然な、奥に潜んでいた人間讃歌の精神が、かえってあざやかに浮かび上がってくるのを感じる。むき出しのまま、ありのままの姿で客席と共につくるよろこびが生まれるようでもある。

「志ある者は事ついになる」の古人の格言を信じ、「『筑後川』流域コンサート」は、本気の継続でここまでやってきた。お金の見返りを求めてやるのは「志」とは言わない、と先輩から教わってきたが、資金と力がないなら志だけが頼り、とばかり動きまわった。なにか事をおこす時「経済効果」という言葉をよく使う。私はこの言葉を使う気になれず、一度も使ったことはない。

全国からの「『筑後川』流域コンサート」参加者は、交通費や宿泊費などすべての費用は手弁当

團伊玖磨記念「ふたつの川の合唱組曲」前日、『筑後川』大合唱の参加者の皆さんに説明をする著者（江戸川区総合文化センター、2008年6月30日）

だ。一度に五百名が『筑後川』の舞台にのった「大牟田会場」の時、全員の費用総額を試算してみると、千百万円にもなっていた。「八丈島会場」は、百名の「九州組」に東京、大阪からの参加者を入れた二百名が訪島したが、その時は千四百万円だった。毎月積み立てをして、参加してくる合唱団もある。『筑後川』流域コンサート」は、全国から参加する人の心と志で成り立っている。その思いに応えるのが、私たち夫婦の使命であり闘いであると信じてやってきた。

手弁当主義に基づき、「最小予算規模で最大のよろこび」をモットーとし、「公演総予算三百万円でできる音楽会」を目指してきた。チケット代は、毎回千円である。人口一万人未満の小国町であれ、百万都市の福岡市であれ、この予算規模は不動のものとした。

実行委員会は、目一杯の〝営業活動〟でチケット販売に注力した。地元の市町村には可能な限りの補助予算をお願いした。これらにプログラムの広告収入が加わり総収入となる。

支出は、プロ出演者の費用、ホール使用料、ピアノ借用料（二台のピアノによる『筑後川』）、チラシやプログラムの印刷代、著作権使用料などが主なものである。ポスターは費用削減のため作成せず、宣伝は口コミを主体にし、チケット販売は実行委員会による手売りにした。その他、旧知のメディア各社の協力を得て記事の掲載を大きく扱っていただくなどしてもらった。

赤字になりそうだと見たら、自腹でチケットを十枚単位で買って収入を増やした。買ったチケットは友人たちへ配った。赤字を減らす、最後の手段だった。

一巡目の最終年、二〇〇六（平成十八）年の大川会場では、これまでの四年間の事業実績が評価され、財団法人地域創造からの助成を受けることになり、それからは自腹を切ることはなくなった。継続していくための礎ができて、ほんとうに有り難かった。

歌の仲間は、年に一度巡り合って、また一年後を楽しみにそれぞれの町へ帰っていく。その間も、それぞれが最高のハーモニーで音楽をつくろうと練習を重ね参加してくる。なんと素晴らしいことかという思いと感謝でいっぱいになる。

4

道に迷っても團先生が一緒にいる

二〇〇一（平成十）年七月十一日の小国町宮崎町長へのプレゼンテーションでは、團さんが私に話をされた川を下る夢を説明した。混声合唱組曲『筑後川』全5章の標題に沿って五年の構想をイメージ図（一七六頁参照）に描き話を進めた。

翌二〇〇二年の「小国」から『筑後川』流域コンサートが始まってからも、團さんの言葉を背負《せお》って歩いてきた。なかでも印象に残るのは次の言葉である。

「良いホールがあるからそこでやるとか、上手な合唱団がある町だからそこでやるのではないよ。ホールがなければ川原の土手でもいい」

『筑後川』全5章の各章の標題地には幸いホールがあり、一度も土手でやることはなかったが、楽屋は屋外にテントを張り、ホールに隣接する施設の会議室を借用した。いちどに五、六百名の参加

團伊玖磨記念『筑後川』流域コンサート　　2001年7月11日
團先生の思い――構想

イメージ図の一例

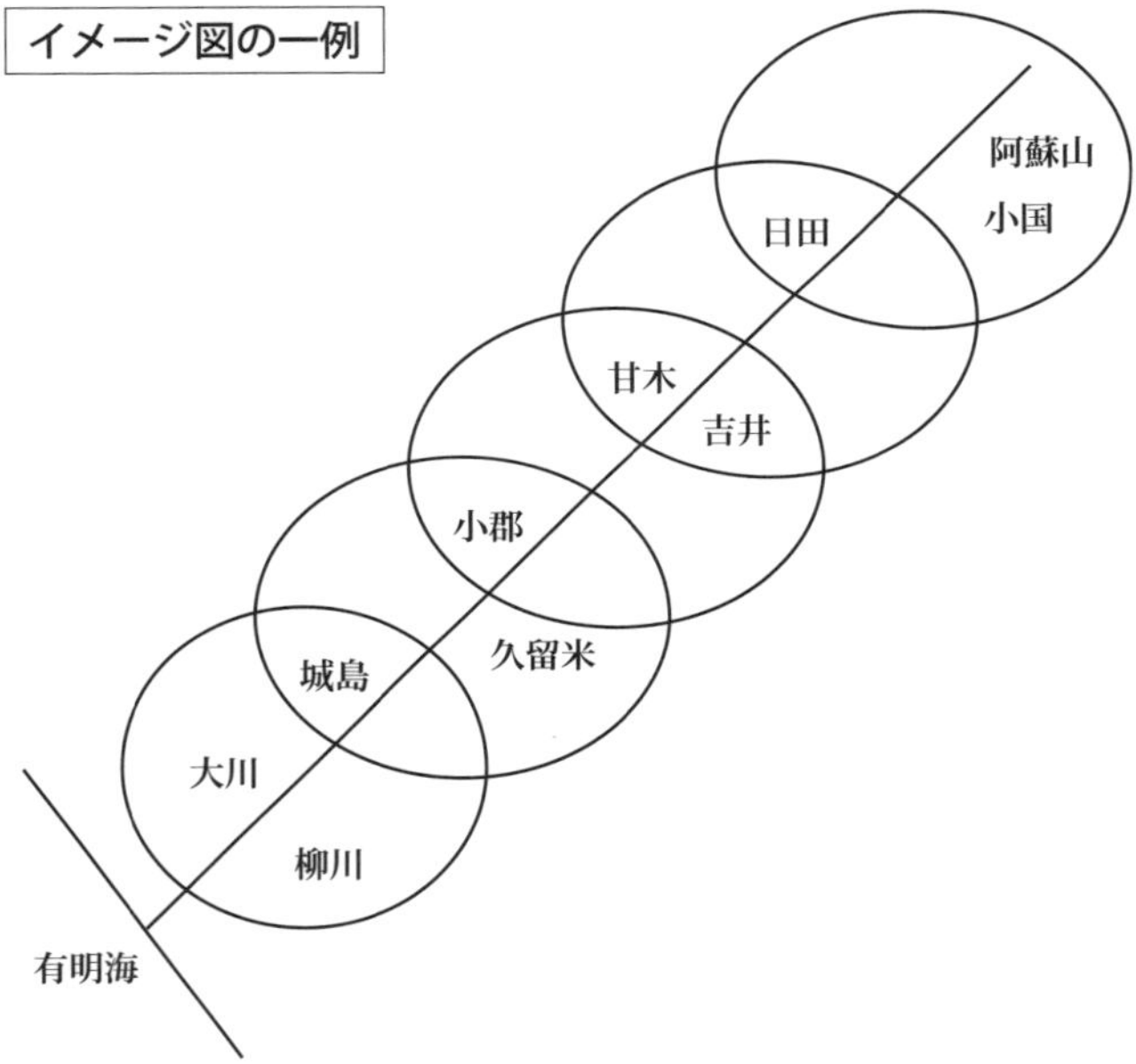

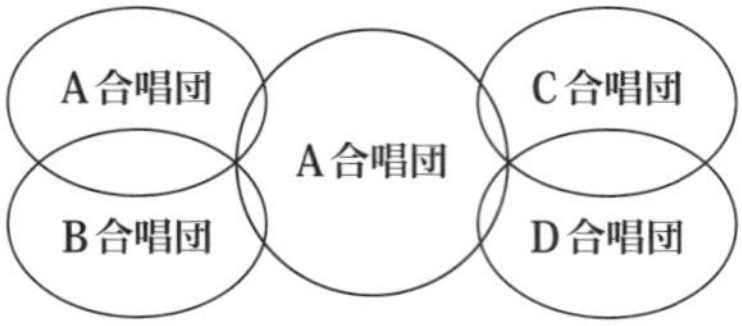

＋

- 『筑後川』を歌う
  筑後川流域の合唱団
- 九州全国からの希望者集合

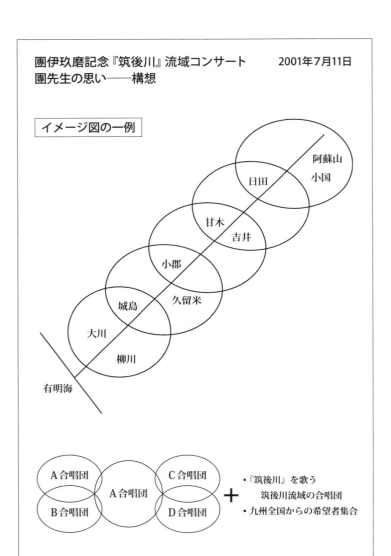

者を受け入れる楽屋、施設など滅多にあるものではない。

『筑後川』流域コンサート」のきっかけとなる話を團さんが語り始めたのは、混声合唱組曲『筑後川』作曲三十周年記念コンサートを一九九八（平成十）年暮に終えた翌年の二月十一日の建国記念日だった。この日、團さんの横須賀の自宅から望む三浦半島には、雪が舞っていた。私と妻は團さんと向き合っていた。およそ二十年前のことである。

その年の正月二日に、NHK教育テレビで放映された一時間四十分にわたる記念コンサートのVTRを一緒に見終えた團さんは「筑後川をゆっくり下りたいなあ、五年かけて」と話し始めた。「五年後、『河口』に着く頃は八十歳、それまで元気にいるよ」とおっしゃった後、「来る者拒まず、去る者追わず、でね」と、意外な言葉を私たちに向かって発した。

五年は短いようで長い。あらゆる事がスイスイと順調に進むばかりとは限らない。五年の中にはいろんな人との出会いがあり、離合集散、有為転変も覚悟しておきなさい、と私に示唆を与えたかったのだろう。六十年近くにわたる音楽活動、経験の中から、團さんが心にかけていたことを助言として言われたのだろう。

「思い通りいかなくても驚くことなく落ち着いてやっていきなさい」、「己の進む道をまっしぐらに」という意味だったのかもしれない。

閉鎖的思考のようにも思える團さんの言葉だが、実際に活動していく中で分かってきたことは、自分がしっかりした責任感を持っておくことが事を成就させるのだということだった。決して消極的な言葉ではなかった。團さんの言葉には、人の魂になにかを残すものをもっていた。

一緒に川を下ることもなく團さんは亡くなった。

先人の遺訓として、私は團さんの言葉を大切にした。参加者の受け入れにあたっては、色々なことがありながらも心が折れることもなく、かえって視野を広くして自分を客観的に見ることができた。

計画が行き詰まり押しつぶされそうになる時、心が折れそうになる時、そのたびに團さんの言葉は支えになった。道に迷っても、團先生が一緒にいると思いながらやってきたことで、ここまで続けてこられたと思う。

5

総括

開催地決定から本番までは約二年を要する。三年近くになることもある。「團伊玖磨記念『筑後川』流域コンサート」が終わると、計画・実施してきたことを冷静に正確に、そして果断に弓を射ることを自身に求め「総括」文を書いた。日本全国、どこにもない流域連続コンサート。モデルはない。あるのは「志」だけ。自制心を保つために、自戒を込めた総括が必要だった。

その準備段階から実施に至るまで問題なかったか、音楽づくり、参加者や客席の反響、収支決算の状況等々。自分の目で最も厳しい見方でチェックし、今後へのやる気と指針を与える必要があった。

團伊玖磨記念『筑後川』IN柳川の実行委員会で説明する著者（左端）
（柳川市民会館、2010年11月15日）

忠臣蔵四十七士の討ち入りで、大石内蔵助《くらのすけ》と主税《ちから》の親子が吉良邸の表門と裏門に分かれ、守備よく攻め入ったのと同様、コンサート当日は、私は舞台袖で進行役を受け持ち、妻は合唱参加者の世話等もあるので、ホール受付が持ち場となった。そこで実行委員やボランティアの方々の案内もする。コンサートが終わって、「ヘエーそんなことがあったの」とお互いが突発事に驚くことも少なくない。

本番当日まで、主催地の役場やホールに、だいたい十五回くらい出向き、会議や打ち合わせをする。妻も行動を共にして備えるのだが、コンサートは生もの、予期せぬことがあれこれ起こる。よって現場と現実にこだわった総括文には、夫婦二人で見た状況が盛り込まれる。開催地とホールが毎年変わり、共同作業するメンバーも毎年変わるが、公演の要素には変化はない。事あるごとに総括文を何度も読み返し、次へ備えてきた。総括文は宝だ。

一巡目の「五か年」が終了した後の総括文には、次のように書いている。

何事も始めが肝心、「團伊玖磨記念『筑後川』」の原型は、正真正銘「小国産」である。コンサートの構成から、前日リハーサルや交歓会、参加者の受入れシステム、すべてが。

交歓会は「一・一・一パーティ」と呼ばれ、合唱参加者と地元実行委員が出席し翌日のコンサートの成功を誓い合う。一時間で、ソフトドリンク一本、会費一千円の一をあらわす。「團伊玖磨記念『筑後川』」のチラシは、小国のチラシが原型となり毎年同じデザインで続いている。プログラムもそうだ。

「私たちを保険と思ってください」

当時小国町役場地域振興課係長だった河野孝一さんが、二〇〇二年「小国」での第一回『筑後川』流域コンサート」を終えた時にかけてくださった言葉だった。どうにもならない非常事態の時には自分たちが助っ人として駆けつけるというのだ。筑後川を下るコンサートを温かく見守ってくれた、なんとも心強く頼もしい言葉であった。

二〇〇二年「小国」終了後、小国町の宮崎暢俊町長から頂いた手紙には

第1回の團伊玖磨記念『筑後川』開催を前にした小国実行委員会の立ち上げ
左から著者、宮崎町長、河野係長、北里さん（小国町役場、2002年7月5日）

「素晴しい発想
今こそ、流域にとっても連携は不可欠
團さんの志は、中野さんの志でもある」
と書いてあった。総括文に張り付けてある。

「町の人口は多くない町ですが、うちの職員のマンパワーはどこの町にも負けません」

宮崎町長のこの言葉は忘れられない。宮崎町長との出会いがなければ、今の『筑後川』はなかったのではなかろうか。

昔からなにごとも始めが肝心と言う。「團伊玖磨記念『筑後川』コンサート」について振り返ったとき、しみじみそう思う。

6

身の丈経営

團伊玖磨さんの実妹西尾珪子さん（七十八歳・東京在住）が、「兄・團伊玖磨を語る」の演目で講演された。幼少期の思い出や、妻を亡くした團さんの悲しみを紹介し「兄は文化を残した。なにかの折に兄のことを思い出していただければ」と語った。

團伊玖磨さんの没後十年を記念し、二〇一〇年十月二十七日に久留米市・石橋文化会館で開かれた講演会のときである。

「一卵性兄妹」と言われるほど仲が良かった二人。

「兄は多趣味で休日のたびに神田古書店街へ行くほど読書家でした」

「一緒に音楽を聴いた日々、戦後の瓦礫の中で響かせたピアノ。大切な思い出と文化をプレゼントしてくれた兄をもって幸せだった」西尾さんは演壇の遺影に目を向けた。

「兄・團伊玖磨を語る」講演会で話す
西尾珪子さん
（石橋文化会館、2001年10月27日）

團さんが戦後復員してきた時、素っ気なさを見せながらも後で「終わったんだ、終わったんだ」とかみしめるようにつぶやいていたことを挙げ、「兄なりに深く感じることがあったのだろう。とても印象的で覚えている」と当時を振り返った。「終戦後の昭和二十二年に作曲した『花の街』は、小屋にピアノを持ち込み没頭。あの焼け跡でどうしてあんな音楽が描けたのだろう」

戦後團さんが住んでいた東京都内には『花の街』をイメージしたモニュメントが立っている。

「小さい頃、楽譜とレコードを持ち出しては兄妹で楽譜を読むのが〝日曜日の遊び〟だった」

團さんが朗子《さえこ》さん（長女）、珪子さん二人の妹のために十二、三歳の頃作曲した『わすれなぐさ』のピアノ演奏（録音）が、会場に流れた。「昭和十九年、東京音楽学校（現・東京芸術大学音楽学部）在籍のまま軍楽隊に入った兄は、おなかがすいたという話ばかりだった。母と二人で兵舎に差し入れに通った。作曲家芥川也寸志さん（一九二五〜八九年）と二人で出てくると、両手におむすびと蒸かし芋を持って口に運ぶなど、それはそれはおいしそうに食べていました」

家族から見た團さんの思い出を語った。

最愛の妻を失った團さんは、夕方になると「なんでもいいから話して。僕は今朝から、なにもしゃべっていないんだよ」と西尾さんに電話をかけてきた。「その頃、九州で『筑後川』を歌い継ぐコンサートをやるんだと話していました。中野さんたちのような仲間とおしゃべりすることをとても楽しみにしていました」

「兄の作品を歌い継いでくださり本当に感謝でいっぱいです。中野さんのポケットマネーも活動費に充ててくださっていて、奥さんよくぞ理解していてくださって感謝です」と語り講演会を終えた。

生前の團さんが、私との打合せでよく行っていた東京都内の「有薫酒蔵」で、西尾さんと私たち夫婦が食事したことがある。私がトイレに立った間に「中野さんはどうして兄の伊玖磨にのめりこんでおられるのでしょうか」と質問されたそうだ。妻は「團先生が好きで、作品と共に歩んでいることが楽しいからだと思います。私にも本当のことはわかりません」と答えたそうである。

妻の好子は、久留米の出身である。短大を出て地元の学校事務に就き、創設された久留米音協合唱団で趣味のコーラスに興じていた。團伊玖磨作曲、指揮による合唱団の第五回定期演奏会で、混声合唱組曲『筑後川』の初演と出会った。合唱団の一員として『筑後川』を歌ったのである。そんな縁もあって私たちは結婚した。『筑後川』は、私たち夫婦にとっても特別な歌になった。

その後、私の東京本社への転勤で東京に住み、オペラ『夕鶴』などの公演会場で團先生に紹介して以来、妻もすっかり團さんの温かな人柄にひかれたようである。團さんが亡くなった時は、一緒に泣き、悲嘆にくれる私を励ましてくれた。「團伊玖磨記念『筑後川』流域コンサート」を今日まで続けてこられたのは、まさに妻の協力のお陰であり、二人で一緒にやってきたという思いでいる。

どんな活動にもそれにふさわしい規模というものがある。

コンサートは、私たち夫婦でやれる範囲でやってきた。夫婦でやっている活動が、参加者に見える範囲が理解の届く範囲でよいのではないかと推し測り、範囲を超えるものは躊躇した。「身の丈経営」をモットーにした。

遠方から来てくださる参加者の経済的負担を時々考えることもあった。趣味の活動をして生きがいを求めて、各自が選択したうえでの参加だから、気にすることはないというものの、『筑後川』を歌うために泊りがけで飛行機や新幹線で来る人のことを考えれば、やはり頭の下がる思いはあった。参加者一人ひとりの笑顔が見える。だから頑張れる。「理解の届く集団」の中でこそあり得る相互の思いなのかもしれない。

「團伊玖磨記念『筑後川』流域コンサート」は人の気持で成り立っている。私たち夫婦が手作りで、できる範囲のことをやっている。五百名の心がひとつになり感動へ結びつくような、人と音楽のハーモニーをつくっていけたらいいなと思っている。

7

愛車三十万キロ

「團伊玖磨記念『筑後川』コンサート」は、開催地を決定するまで、その地域の市や町の役所へ出向き、開催してもらうよう何度も何度も足を運ばなければならない。混声合唱組曲『筑後川』の「ゆかりの地」と言っても、認識、理解、関心の度合いは地域によって様々である。

開催地決定と並行してホールの予約が必須である。一年前に開催予定地のホール予約を怠ると事実上開催は難しい。ホール予約は一年前からという規定のところが多い。「團伊玖磨記念『筑後川』コンサート」では、土、日連日使用が原則なので、ホールの予約を確実にするのは至難の業となる。

開催地が決まれば、準備会と実行委員会が最低十五回あり、その前後の根回しや事前打合せなどで、結局三十回から四十回は往復することになる。地元の合唱団の練習には、必ず訪問して聴かせてもらう。第一部、第二部出演の単独合唱の練習にも参加する。だいたい一年前には開催実施要項を取りまとめ、本番へ向けた準備に明け暮れる。わが家の車は、行きは私が、帰りは妻がハンドルを握り、筑後川流域を一年に三万キロ走ってきた。

皆さんから「筑後川号」と呼ばれる愛車が、三十万キロの走行距離を超えた。「そろそろ新車を」というお誘いを断り続け、なんだか嬉しくなって数字が五万、十万と変わるたびに走行距離計の写真を撮った。

二〇〇一年から走り始めた愛車は、「團伊玖磨記念『筑後川』流域コンサート」開催地の小国町（熊本県）、吉井町、城島町、佐賀市、大川市と五か年かけ源流から河口まで一巡し、二巡目も九州一円を巡った。十年間で三十万キロ走行距離を達成した。

「個人タクシー並みの距離ですね」とタクシーの運転手から褒められた。鹿児島、山口、大分、佐世保などの合唱団を訪問し、愛車の走行距離を伸ばした。開催地の町を知り、多くの人に会って話を聞き、町の雰囲気にじっくり馴染んでから、打合せに臨んだ。その楽しみが走行距離を伸ばし、いろんな人に会いたくて開催地に〝通う〟のが楽しかった。

愛車は、縦一二〇センチ、横一〇〇センチの團先生の肖像写真を運搬するという、もう一つの任務を背負っていた。コンサート会場の舞台中央に掲げられる写真は、愛車のトランクにピタリと収まった。指揮者の現田茂夫先生は、コンサートのたびに写真に向き合い、一礼をした後、指揮棒を振り下ろされる。

この写真の運搬のためにはなくてはならない存在だった愛車が、三十万キロ過ぎた時、同型車に買い替えた。二代目の「筑後川号」は「二〇一四年の大牟田」から走り始めて、今も健在ぶりを発揮している。

コンサート会場に掲げられた團伊玖磨の肖像写真
（写真は、2001年3月29日福岡の桧原桜と
対面したときのものである）

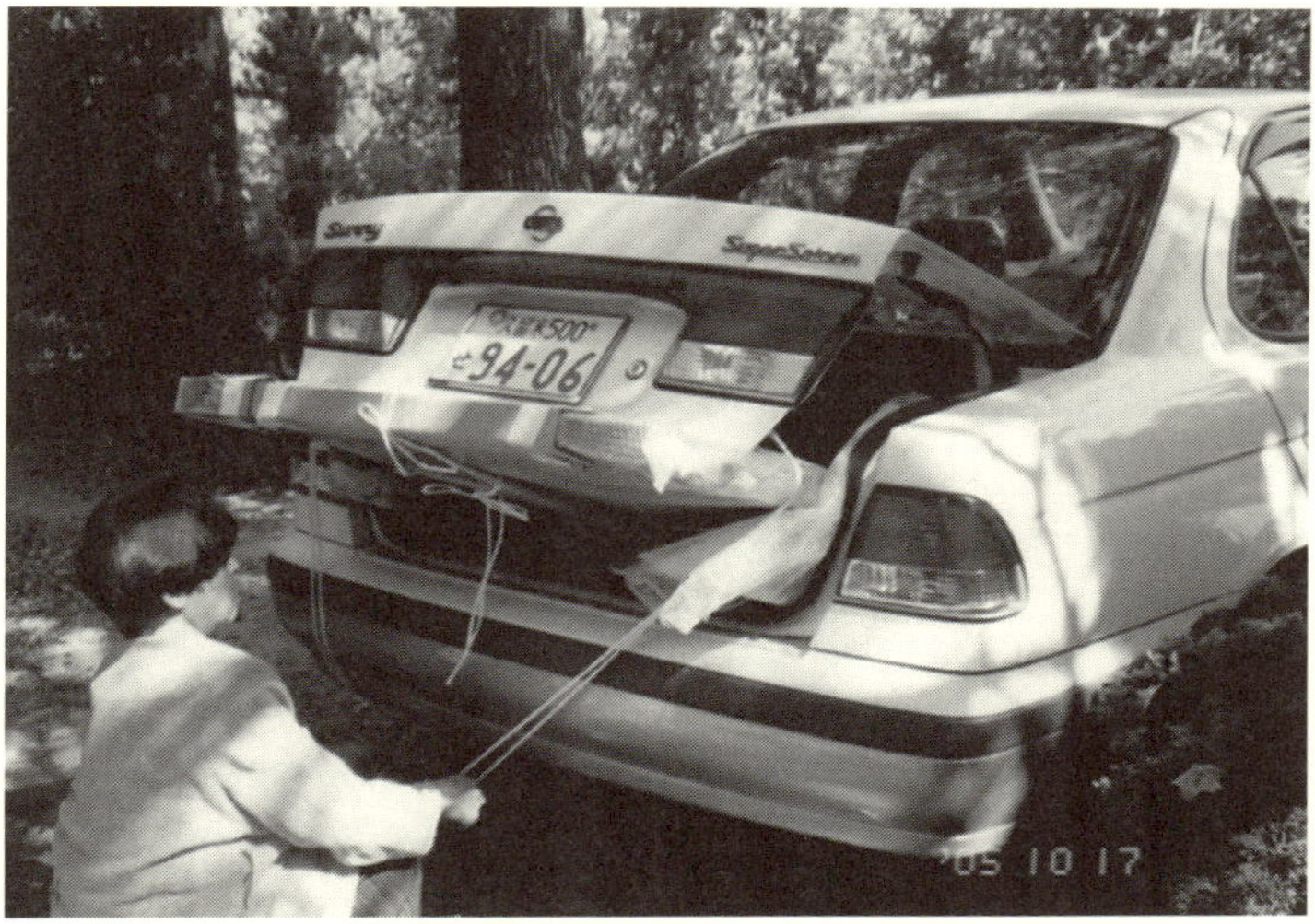

筑後川流域はもとより鹿児島、竹田、佐世保、北九州と走り回った初代愛車

終　章　永遠なれ『筑後川』

1

時代を超え人の魂に

混声合唱組曲『筑後川』が作曲された一九六八（昭和四十三）年は、米国原子力空母「エンタープライズ」の長崎・佐世保寄港で世の中は騒然としていた。

それから五十年。北朝鮮のミサイル問題が全世界の注目の的となっている。

社会が大きく変化する中、音楽は奏でられ、歌われ、聴かれ続けられ時代を超えてきた。『筑後川』も多くの人に歌われ五十年、人の心に生き続けてきた。流域コンサートに人々が集おうとする背景には、人の魂になにかを残してくれるからだろう。

その『筑後川』の魅力について朝日新聞文化部（西部本社）・鳥居達也記者のインタビューを受けた。（二〇〇八年五月二十三日夕刊掲載）

――團伊玖磨作曲の合唱組曲『筑後川』が今年、初演四十周年になります。楽譜も増刷を重ね十四万部に達しているそうですね。人気の理由は。

やはり曲自体がいい。中学・高校で歌い始めて大人になってからも、と何度歌ってもいいし、元々アマチュアの合唱団向けに作られているので歌うのがやさしい。しかも噛めば噛むほど味が出る。加えて、第1章「みなかみ」の幼児から壮年を経て、第5章の「河口」で表される熟年へと、筑後川を人の一生にたとえており、歌う人の年齢によって、それぞれの自分の人生を重ねることができる。だから誰にも感情移入しやすい。

そしてなにより、例えば石狩川流域の北海道の人でも、信濃川沿いの人でも、四万十川流域の四国の人でも、違和感なく歌ったり聴いたりすることができる内容だ。曲のタイトルこそ『筑後川』というローカルな河川名になっているが、地域を超えた普遍性を持っているからこそ全国で歌われているのだろう。

――團さんと深い交流があったそうですね。團さんはこの曲にどんなイメージを持っていたのですか。

團さんは「曲には解説はいらない」が持論で、生前は曲に関する書き物を許さなかった。彼は何度も筑後川流域を訪れて曲のイメージ作りをした。團さんは筑後川の水が東アジアの海にそそがれ中国・揚子江の水と合流すると考え、「筑後川はアジアの川だ」と言っていた。練習でも「あなた方が歌っているのはどぶ川だ。筑後川は九州を代表するアジアの川なのだから、もっとおおらかに歌ってください。どんなにおおらかに歌っても、おおらか過ぎることはありません」と指導した。自分の中に流れていると彼が考えていた大陸の血を意識していたのだろう。

——團さんが客死した中国・蘇州で昨年一月、この曲を演奏されました。経緯は。

團先生の遺志を継いで、筑後川の上流から下流までの流域で二〇〇二年から五年間、『筑後川』の公演を続け、延べ二五〇〇人が合唱に参加した。その後、みんなの総意で「河口は終わりではなく海の始まりだから二巡目も公演を続けよう」ということになった。一巡目の締めくくりの公演となれば、先生ゆかりの地、蘇州しかない。

——昨年は熊本県小国町の小国ドームで二巡目がスタートしました。初演四十周年の今年の予定は。

朝日新聞（夕刊）　2008年（平成20年）5月23日　金曜日　3版　4

Q 合唱「筑後川」人気の理由は

「團伊玖磨さんの音楽を楽しむ会」代表

中野　政則さん（68）

なかの・まさのり　40年、東京生まれ。ブリヂストン入社後、故石橋幹一郎会長に團伊玖磨を紹介される。「團伊玖磨さんの音楽を楽しむ会」代表として、同社退社後も合唱組曲「筑後川」九州公演のプロデュースを続けている。著書に『團さんの夢』（出窓社）など。

地域を越えた普遍性

――團伊玖磨作曲の合唱組曲「筑後川」が今年、初演40周年になります。楽譜も増刷を重ね15万部に達しているそうですね。人気の理由は。

「やはり曲自体がいい。中学・高校で歌い始めて大人になってからも、と何度歌ってもいいし、元々アマチュアの合唱団向けに作られているので歌うのがやさしい。しかもかめばかむほど味が出る。加えて、1曲目の『みなかみ』の幼児から壮年を経て、5曲目の『河口』で表される熟年へと、筑後川を人の一生に例えており、歌う人の年齢によって、それぞれ自分の人生を重ねることが出来る。だから誰にも感情移入しやすい」

「そして何より、例えば石狩川流域の北海道の人でも、四万十川流域の四国の人でも、違和感なく歌ったり聴いたりすることが出来る内容だ。曲のタイトルこそ『筑後川』というローカルな河川名になっているが、地域を越えた普遍性を持っているからこそ全国で歌われているのだろう」

――團さんと深い交流があったそうですね。團さんはこの曲にどんなイメージを持っていたのですか。

「團さんは『曲に解説は要らない』が持論で、生前は曲に関する書き物を許さなかった。彼は何度も筑後川流域を訪れて曲のイメージ作りをした。團さんは筑後川の水が東アジアの海に注がれて中国・揚子江の水と合流すると考え、『筑後川はアジアの川だ』と言っていた。練習でも『あなた方が歌っているのはどぶ川だ。筑後川は九州を代表するアジアの川なのだから、もっとおおらかに歌って下さい。どんなにおおらかに歌っても、おおらかすぎるということはありません』と指導した。自分の中に流れていると彼が考えていた大陸の血を意識していたのだろう」

――團さんが客死した中国・蘇州で昨年1月、この曲を演奏されました。経緯は。

「先生の遺志を継いで、筑後川の上流から下流までの流域で02年から5年間、『筑後川』の公演を続け、延べ2500人が合唱に参加した。その後、みんなの総意で『河口』は終わりではなく海の始まりだから、2巡目も公演を続けようということになった。

㊤小国ドームで「筑後川」を演奏する久留米音協合唱団＝02年、熊本県小国町　㊦「筑後川」の初演を指揮する團伊玖磨＝68年、福岡県久留米市、いずれも中野政則さん提供

キーワード　合唱組曲「筑後川」　久留米音協合唱団（福岡県久留米市）の創立5周年記念委嘱作品。地元の詩人丸山豊が作詞し、團伊玖磨が作曲した。68年12月、團の指揮により同市の石橋文化ホールで初演。「みなかみ」「ダム

朝日新聞・夕刊（2008年5月23日）

十月二十六日に、福岡県朝倉市のピーポート甘木で、現田茂夫さんが指揮する筑後川の流域合唱団と全国の愛唱者の混声合唱団により、「團伊玖磨記念『筑後川』IN朝倉二〇〇八」をやる。また、九月十三日には、合唱指導者や音楽学者らをパネリストに、合唱組曲『筑後川』の魅力を考えるシンポジウムを同市内の朝倉高校同窓会館で開くほか、『筑後川』にふれた團さんのエッセー『パイプのけむり』の朗読会、といったイベントも計画している。

――それにしても、クラシックの合唱曲でこれほど楽譜が出ているのは

すごい。

三十人規模の混声合唱団にしたら全国五〇〇〇団体が歌っている勘定だ。日本高等学校野球連盟に加盟する高校野球チームに匹敵する数。だから福岡県はもちろん、九州各県や山口、東京などからも合唱団が『筑後川』を歌いに集まってくる。團さんの音楽が持つ力と言うしかない。

2

『筑後川』の魅力を解析する——長野俊樹教授

作曲四十周年の二〇〇八年は、五十年へ向け次の新しい『筑後川』の世界を模索したものであった。静かに『筑後川』を振り返ってみようと、それまでの歩みの「パネル展」や團伊玖磨直筆楽譜の公開展示会、「『筑後川』の魅力を探るシンポジウム」などが開かれた。

シンポジウムは作曲されて間もない一九七〇（昭和四十五）年に『筑後川』を選んで、全国合唱コンクールに九州代表として出場した朝倉高校で開かれた。『筑後川』を歌い継ぐ流域の合唱団指導者三名に加え、福岡教育大学教育学部・長野俊樹教授（音楽学）と山本源太さん（詩人・陶芸家）が加わって活発な討論が行われた。シンポジウムの基調講演を行った長野教授はその魅力について次のように語った。（要旨）

Ⅰ　作曲について

5章から成るこの作品は全体的にみますと密度が高い作曲であり、最後の楽章の仕上げというものに随分苦労をなさったように伺えます。

川を描いた世界的な作品でよく知られているスメタナ作曲の『モルダウ』も、水源からはじめて河口の方へ到達するかたちで終わっている。

『筑後川』の詩にもそういう視点の移動が見られるわけですが、もっと立体的な作曲の仕方というのが必要になってくる。

もっともよく分かるのは、曲の始めの「今、生まれたばかりの」と歌われる旋律と、最終章のピアノの前奏が同じ旋律で出来ている。

第1章はアカペラのPで始まり、最終章は、ピアノという楽器を使って強い音で始まりますが、「移動ド」で読みますと、ミ・レ・レ・ミ・ファ・ミ・レという音の並びで出来ていてまったく同じものなのですね。こういうやり方を作曲者がとるというのは、しっかりと立体的に作品を、いわば交響楽的にといって良いかもしれませんが、そういう姿勢で作曲に臨んで作品全体を締めくくろうとした時に使われる手法だといっていいと思います。

それは個々の章についても見られまして、川の流れに沿って作っている歌詞のとおりに作曲がヅ

基調講演をする長野教授（左から2番目）（福岡県立朝倉高校、2008年9月13日）

ルヅルとならないように、一番確実な手法として、普通は三部形式というのですが、最初の部分があって、真ん中の部分があって、次の部分が来た時に最初の部分が戻ってくる。といういわば「三角形」のような形に曲を作るというのがやりやすい。特に声楽曲ではやりやすい形になります。

そういうものが第1章にも、第2章にも第3章にも、そういうやり方で作られています。

ただそのまま使ってしまいますと、これはあざとい手法になってしまう。そこのところを避けるために、例えば第1章では、一番最後のクライマックスのところだけに、最初を戻してきて同じ効果を得るように作曲してある。

第2章では、ピアノのパートだけに最初

の部分を戻してきて、それをベースにして合唱の部分は変化が出るように作曲してある。

第3章では、一番最初に合唱で出てくるメロディーをピアノのパートだけに出すことで第3の部分を始める。という風にただその伝統的な手法を使うのにも、かなり凝ったやり方で作曲されていることがわかります。

第5章の「河口」では、長い作品全体をかなりドラマティックに締めくくらなければならない。ということが作曲者の意図にかなり強くあったのではないかと考えられます。

それをするために、出だしは第1章の旋律を使って始まるわけですが、「さよなら」という言葉を何度も何度も繰り返しながら最後の締めくくりへと向かっていく。その過程の中で、非常に自然な形で「筑後平野の百万の」という言葉の歌いこみへ結びついていく。

この「筑後平野の百万の」という言葉に付けられた旋律というのは、第2章に既に出てきているわけですけれども、それを導き出すために「さよなら、さよなら」という旋律、動機を膨らませながら繰り返しつつ最終的な「筑後平野の百万の」という言葉に続けていくという非常に周到な作曲の仕方をしている。

Ⅱ　詩について

丸山豊さんの詩についてですが、最終的にこの詩で強調されるのは「愛」なんです。

「愛」という言葉が詩全体を見ると非常に良く目立つイメージになっている。

第3章は、「愛」という言葉はひとつも出てこないですが、二人の人物、「川の男」、「川の女」というこういう結びつきが間接的に「愛」というイメージを呼び起こすように詩ができている。

非常に激しい音楽の第4章では、その中に、2番の歌詞あたりですが「愛を呼び起こせ、激しい愛を呼び起こせ」が1番の川の流れを呼び起こすということと対比されるように出てきます。

第5章は、これはこれも「愛」という言葉は出てきませんけれども、この楽章の歌詞を貫いているのは、川の生き物や周囲への別れの呼びかけ、そして最終的には「筑後平野の百万の生活の幸を祈りながら」という言葉の中に、「愛」というイメージが歌い込まれていると見ることができる。

ひとつの理想主義と言えるかもしれませんけど、人間性の一番根底にあるべき「愛」という環境を歌い込んでいるということは、現在の社会の中でもある魅力になってきているのではないかと思われます。

Ⅲ「開かれた作品」の魅力

三つ目に歌い継ぎ、聴き継いできたこの社会、この筑後川周辺の生活、人々といったようなものが作品の魅力になっています。つまり、どうしてもですね、音楽作品、特にヨーロッパ系の音楽作品ということを本題にする場合は、例えば、ベートーベンというと「運命交響曲」が動かない作品としてあるのだという風に捉えてしまいがちですし、それがまた一八世紀、一九世紀、二〇世紀初頭までヨーロッパ音楽のひとつの芸術観であったわけですけれども、しかしこういう芸術観というのは非常に一面的なものであるということは、その後のいろんな芸術研究で論じられてきているところです。

つまり音楽作品というのは、彫刻のようにそこに物体があるというのではなくて、演奏し聴いていく過程の中で、その中に演奏する人、あるいは聴く人が、いろんな芸術観なり人生観なり、美についての感覚というものを読み込んでいく、あるいは、演奏の過程でその作品の中に新たな魅力をすくいあげていく、という、こういう中で成長していく。こういうのを「開かれた作品」といった言い方をしますけれども、つまり作品というのは特に音楽作品というのは決して「閉じたもの」ではない。そこで自己完結しているものではなくて、それをどう育てるかという、育てよう、歌い継ごうとした人々の行為の中で、あるいは愛情の中で育っていくものだというので、現在の音楽的な考え方のもとに、基礎としてあるのではないかと思います。

そういった意味でこの曲が単に一部の方々が記念碑的な作品とせずに、こんなにも長く四十年という長きにわたって大勢の方によって歌い継がれて、今なお魅力ある名曲として捉えられていること自体の中に、この作品の魅力そのものがある、という風にいってよいものではないかと思います。

地元における『筑後川』を歌い継ぐという昨近の状況については、私などが語れるところではなくて、現にそれに携わってきた方々こそ語れるものだと思いますので、私自身がそういう方々の証言といいますか「思い入れ」といいますか、そういうものを聴けるのを楽しみにしております。

3

今やオペラ『夕鶴』と並ぶ團の代表作

團の祥月命日《しょうつきめいにち》に合わせて開かれた九州交響楽団第三二四回定期演奏会は、團伊玖磨没後十三回忌記念と冠名が付いた公演だった。(二〇一三年五月十七日・アクロス福岡シンフォニーホール)
日本の作曲家による作品だけで一晩の定期公演のプログラムを組むことは稀なわが国のオーケストラ界にあって、この日は團伊玖磨の二十代、四十代、六十代の作品三曲が年代順に並ぶプログラムだった。

交響曲第1番イ調(一九五〇年作曲)
混声合唱組曲『筑後川』(一九六八年作曲)
交響曲第6番『HIROSHIMA』(一九八五年)
ソプラノ独唱・佐藤しのぶ　笛・赤尾三千子

團伊玖磨十三回忌記念「鼎談」（左から川野一宇、現田茂夫、今村晃、著者）

この九州交響楽団（九響）定期公演を前にした二月十五日、久留米の石橋文化会館では團伊玖磨と九響を語る鼎談《ていだん》が開かれた。

定期演奏会の指揮者現田茂夫、公演を企画した九響音楽主幹（当時）今村晃、「團伊玖磨さんの音楽を楽しむ会」代表中野政則の三名。鼎談の合間に、九州への思いを綴った團さんの名エッセイ集『パイプのけむり』が、川野一宇さん（NHK「ラジオ深夜便」アンカー）によって朗読される場面もあった。

鼎談の中で現田茂夫は『筑後川』の魅力について語った。

混声合唱組曲『筑後川』の冒頭部分は、ピアノ伴奏の音もない、なにもないところから、シララシドシラソミレ、今生まれたばかりの川……と始まる。『筑後川』でなにが難しいかというと、ここが難しい。なぜこんな難しい風に團先生が書かれたのか。これは試練なのかもしれない。

第1章の「みなかみ」から有明の海に注ぐ終章「河口」まで、何回も『筑後川』をやってきました。やるたびに涙が出てしまいます。

世界の四大文明の発祥の地でも明らかなように、川は命の源です。その川の流れを人の一生に擬人化した丸山豊先生の詩。平易な言葉で書かれているが故に、類稀な普遍性を持っていると思います。

そしてその詩に着目された團先生の慧眼！　何度も現地を訪れインスピレーションを求める飽くなき探求心、好奇心！　『筑後川』がこれだけたくさんの皆様に歌われ続けるのは、自然の摂理のように思えます。

コスモポリタンと呼ぶにふさわしい人でした。その中から生まれた『筑後川』は、筑後川であることを乗り越えて、久留米、九州というローカリティーを乗り越えた、日本の代表の大河に育ったという思いだったのではないでしょうか。

「筑後川は有明の海を経て、やがて東シナ海で揚子江の水と合体する」と仰っていたことに思いがつながるように思います。

今や『筑後川』は、わが国のオペラ界で最多上演回数を誇るオペラ『夕鶴』と並ぶ團先生の代表作と言ってもいいと思います。

このところ、管弦楽版『筑後川』の演奏が、全国各地で行われるようになった。中でも目立つのが管弦楽版『筑後川』と交響曲を一晩で演奏するコンサートが増えていることだ。

ブラームス『交響曲第1番』と『筑後川』（東京・パルテノン多摩）・二〇一六年八月
佐藤眞『土の歌』と『筑後川』（岐阜・サラマンカホール）・二〇一六年十一月
モーツアルト『レクイエム』と『筑後川』（神奈川・ミューザ川崎）・二〇一七年十一月
チャイコフスキー『弦楽セレナーデ』と『筑後川』（東京・町田市民ホール）・二〇一七年十二月

そして二〇一七年十二月十日、大分県日田市のパトリア日田が開館十周年を記念し、一五〇名の市民合唱団、現田茂夫指揮九州交響楽団のコンサートでは、ベートーベンの『第九交響曲』と『筑後川』を一晩のプログラムとして演奏。

團伊玖磨先生存命中、「『筑後川』と『第九』を一晩で演奏したいですね」と、私が團先生に話したことがあったが、「まだ早い、ベートーベンに恥ずかしいよ。もっと良い作品を書いて、『筑後川』も成長してから」と團先生は仰った。一九九八年の『筑後川』作曲三十周年記念演奏会の頃のことだった。

「歓喜の歌」と一般に言われるベートーベンの『第九交響曲』は、一八二四年の発表、「愛と生命《いのち》

九州交響楽団第324回定期公演
現田茂夫指揮による200名の『筑後川』合唱団（アクロス福岡、2013年5月17日）

『筑後川』コンサート指揮者
現田茂夫

の讃歌」と呼ばれる『筑後川』は一九六八年の作曲。いつかは実現させたいと思っていた私には『第九』と『筑後川』の共演は大きな夢だった。

一九七八年、『筑後川』作曲十周年を記念し、管弦楽版『筑後川』の東京初演を私が企画した時は、ロドリーゴ作曲『アランフェス協奏曲』と『筑後川』だった（東京文化会館、新日本フィルハーモニー交響楽団、一九八〇年一月）。指揮は團伊玖磨、ギターは荘村清志だった。今懐かしく思い出される。

4

作曲 五十周年、明日への『筑後川』

ゆかりの地において全国からの愛唱者五〇〇〇名の合唱で歌い継がれている「團伊玖磨記念『筑後川』流域コンサート」では、二台のピアノによる演奏が多い。合志《こうし》知子、平洋子の二人のピアニストが弾き続けている。

『筑後川』の楽譜には、原曲のピアノ伴奏による『筑後川』の他に、二台のピアノ版『筑後川』と、管弦楽版『筑後川』がある。「二台のピアノによる『筑後川』」は、一九八九（昭和六十四）年、東ドイツ・ハレ市で演奏される折に、指揮にあたる團が高嶋みどりに編曲を依頼した。

一九七四（昭和四十九）年には、團自身の手で、管弦楽版（オーケストラ）が編曲され、九州交響楽団によって初演された。日本人作曲家による管弦楽版合唱曲として広く知られた作品のひとつと

合志知子

平洋子

２台のピアノ版『筑後川』コンサートのピアニスト

なっている。

原曲の一台のピアノによる『筑後川』と二台のピアノによる『筑後川』は、團伊玖磨自身の指揮によるＣＤ（團伊玖磨さんの音楽を楽しむ会制作）が残されている。管弦楽版『筑後川』ＣＤ（フォンテック制作）は、指揮・現田茂夫、九州交響楽団、團伊玖磨記念『筑後川』合唱団（特別合唱団）、ソプラノソロ・佐藤しのぶ、テノールソロ・青戸知によるライブ収録がある。

團伊玖磨指揮の『筑後川』ＣＤの表紙には生前團が語っていた言葉「人の命は滅びるが作品は何百年も歌われ生き続ける」と記されている。「永遠なる川」と題する團の直筆文を見ることもできる。

ＣＤに書かれた「筑後川」の三文字は團自らの筆で生前に用意されたものだったが、その完成を見ることなく、團は二〇〇一年五月十七日に中国・蘇州

『筑後川』の文字を揮毫する團伊玖磨（石橋迎賓館、1998年）

市で急逝した。

團さんと二人でつくったものとして形として残る貴重なもので、私にとっては何物にも代えがたい宝物だ。

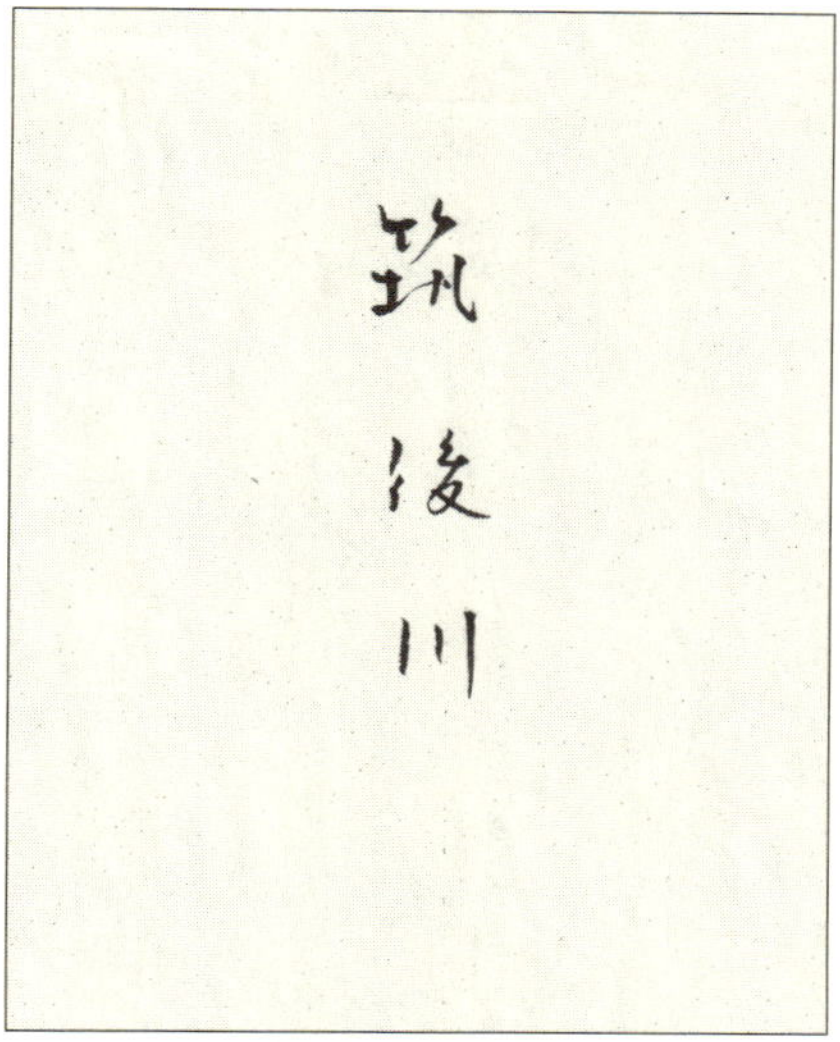

『筑後川』の文字

そのＣＤリリース直後、日本経済新聞文化面（二〇〇一年十月十九日）にその思いを綴った。

『筑後川』命の賛歌再び

◇初演から三十年、團伊玖磨氏と作成したＣＤが完成◇

一九六八年（昭和四十三年）の六月だったと思う。四人の男が筑後川下流に浮かべたエツ船に乗っていた。エツはカタクチイワシ科の魚で、夏になるとこの川をさかのぼってくる。四人は船頭さんが料理したエツを前に、九州一の大河が秘める物語を、それぞれに思い描いていた。

四人というのは、作曲家の團伊玖磨さん、医師で久留米音協合唱団指揮者の本間四郎さん、龍頭《りゅうとう》文吉郎ブリヂストン副社長、そして私だった。

▷▷▷

合唱団の持ち歌として

ブリヂストン創業者の石橋正二郎が郷土の久留米市に石橋文化ホールを寄贈したのが六三年。その年に発足した久留米音協合唱団は、発足五周年を迎えようとしていた。私たちは合唱団の持ち歌がほしいと考え、当時の石橋幹一郎社長に助力をお願いした。石橋社長は快く引き受けて下さり、作詞は久留米の医師で詩人の丸山豊さんに、作曲は社長の義兄の團さんに依頼する

日本経済新聞　2001年（平成13年）10月19日（金曜日）

文化

であるが、この動きを一つの頂点に導いたのは池大雅、与謝蕪村であった。大雅の画風は、単に中

本図は大雅の初期の作　も、いわば自身の身体で　蔵）

池大雅「箕山瀑布図」（部分）

17日付の文中「白民文集」は白居易の詩文集でした。

「筑後川」命の賛歌再び

◇初演から30年、團伊玖磨氏と作成したCDが完成◇

中野政則

一九六八年（昭和四十三年）の六月だったと思う。四人の男が筑後川下流に浮かべたエツ舟に乗っていた。エツはカタクチイワシ科の海魚で、夏になるとこの川をさかのぼってくる。四人は船頭さんが料理したエツを前に、九州一の大河が秘める物語を、それぞれに思い描いていた。

四人というのは、作曲家の團伊玖磨さん、医師で久留米音協合唱団指揮者の本間四郎さん、龍頭文吉郎ブリヂストン副社長、そして社員の私だった。

▷▷▷

合唱団の持ち歌として

ブリヂストン創業者の石橋正二郎が郷土の福岡県久留米市に石橋文化ホールを寄贈したのが六三年。その年に発足した久留米音協合唱団は発足五周年を迎えようとしていた。私たちは合唱団の持ち歌をと考え、当時の石橋幹一郎社長に助力をお願いした。石橋社長は快く引き受けてくださり、作詞は久留米の医師で詩人の丸山豊さんに、作曲は社長の義兄の團さんに依頼することになったのだった。

丸山さんから届いた詩『筑後川』は「みなかみ」「川の祭」「ダムにて」「銀の魚」「河口」の五章からなる、川に仮託した人々の営みと命への賛歌だった。團さんはエツ舟に乗り、流域を歩いて曲想を練った。事務局役の私も、團さんの旅のお供をした。

だが、團さんの筆は進まなかった。詩と格闘した末に納得できるメロディーとハーモニーに到達するには時間が必要だったのだろう。神奈川県葉山町のご自宅に何度も伺ったが、その年の秋に予定されていた初演のコンサートは二度延期せざるを得なかった。楽譜の一部が届いたのが演奏会の十七日前。楽譜がそろったのは三日前だった。

「筑後川」初演を指揮する團氏（68年12月20日）

六八年十二月二十日、六十八人の合唱団員は、緊張に包まれて石橋文化ホールのステージに立った。指揮台の團さんは腕を振り、体を反らせ、団員の力を絞り出した。演奏が終わっても拍手は鳴りやまなかった。團さんは後に「スリルに富んだ快い初演の夜だった」と回想している。

やがて『筑後川』は楽譜が十二万部以上売れて、我が国を代表する合唱組曲の一つとなった。最終楽章「河口」は中学校の音楽の教科書に載り、全国の卒業式などで歌われている。

▷▷▷

病後の指揮、涙あふれる

その後、久留米から東京へと転勤になっていた私は、再び久留米工場勤務となり、九八年に團さんと相談して三十周年記念コンサートを企画した。コンサートは團さんにも特別の意味があった。前年の九月に心筋梗塞（こうそく）で倒れ、奇跡的に回復した團さんが初めて指揮するのがこのコンサートだったからだ。

同年十二月十三日、同じ石橋文化ホールで團さんは指揮台に立った。演奏を無事終えて楽屋に戻った團さんの目からは涙が流れていた。「指揮台が狭く、落ちるかと思ったよ。これでまた三十年先が見えてきた」。團さんはそう言って私の手を握った。

この模様はNHKテレビで放送された。すると全国のファンから「CDはないのか」という問い合わせが寄せられた。ところが、なぜかCDは出ていなかった。「曲が有名になりすぎて、逆にCDは出しにくかったのかもしれませんね」と團さんは言っていたが、ともかく團さんと私はCD作りに取りかかった。

三十周年記念コンサートでの演奏のほかに何を入れるかで難航した。團さんは過去に自分が指揮した合唱曲のテープをいくつも聴いてみたが納得しない。困り果てた私は、奥深くしまっていた『筑後川』初演の時のテープを取り出した。

モノラルだが、初演開始を告げるアナウンス、丸山さんを紹介する團さんの声、合唱と一緒に歌った團さんの「花の街」まで、コンサートの一部始終が録音されていた。テープが終わるところには團さんの両の目から熱いものが伝い落ちた。「これでいこう」。團さんの声は大きかった。

▷▷▷

遺影に曲の伝承誓う

こうして新旧ふたつの演奏を収めたCD『筑後川』ができあがった。しかし、「一人の指揮者が三十年を隔てて同じ曲の棒を振るCDはギネスブックものかもしれないね」と言っていた團さんは、このCDを聴くこともなく五月十七日、中国で客死された。

あの時のエツ舟に乗っていた龍頭さん、本間さんも今はなく、探し当てた船頭さんも昨年亡くなっていた。作詞の丸山さんもすでに旅立たれている。

この曲の誕生から開花、成熟までを見つめて三十年余。少しでも多くの人にこのCDを聴いていただくことが、一人残った私の使命だと思う。完成したばかりのCDをささげ、團さんの遺影にそう誓った。（なかの・まさのり＝元ブリヂストン久留米工場総務課長）

顔で知られるコーエン兄弟だ。

「最初からアイデアが頭にあったわけではない。一人の男が家に帰り着く物語を考えていたら『オ

もある。「威厳のある人間より、まぬけでとぼけたヒーローの方が面白い。コメディーではあるが、れっきとした英雄伝のつもりで撮

る。「我々が自由に物語を転がしたように、原作に縛られず楽しんでもらいたい」と、兄弟で口をそろえて語っていた。

交遊抄

連帯感

か　子

今年六月九日、晴れて東京大学物理学科を卒業した。といっても実際の卒業は一九七一年六月。大学紛争のため式が見送られ、二十一世紀になった節目に大学側が三十年ぶりの〝幻の卒業式〟を開いてくれた。懐かしい顔が並んだ、と言いたいところだが、実は物理学科の二十人余

潤美代子（旧姓・滝沢）さんは優しい肝っ玉母さんという風情。とても物理学を究めて後に医者になったという努力家には見えない。NHK交響楽団のバイオリニストの根津昭義さんも東京芸大に再入学し、子供のころからの夢を実現した。

ただメンバーから見れば、私ほどユニークな人間はいないそうだ。学生時代も物理学に最も似つか

日本経済新聞（2001年10月19日）

ことになったのだ。

丸山さんから届いた詩『筑後川』は、「みなかみ」「ダムにて」「銀の魚」「川の祭」「河口」の5章からなる、川へ仮託した人々の営みと命への賛歌だった。團さんは筑後川の暮らしを体感するために、エツ舟に乗り、流域を歩いて曲想を練った。事務局役の私も、團さんの旅のお供をした。

だが、團さんの筆は進まなかった。詩と格闘した末に、納得できるメロディーとハーモニーに到達するには時間が必要だったのだろう。神奈川県葉山町のご自宅に何度も伺ったが、その年の秋に予定されていた初演のコンサートは、二度延期せざるを得なかった。楽譜の一部が届いたのが演奏会の十七日前。楽譜がそろったのは三日前だった。

六八年十二月二十日、六十八人の合唱団員は、緊張に包まれて石橋文化ホールのステージに立った。指揮台の團さんは腕を振り、体を反らせ、団員の力を絞り出した。演奏が終わっても拍手は鳴りやまなかった。團さんは、後に「スリルに富んだ快い初演の夜だった」と回想している。

やがて『筑後川』は楽譜が十二万部以上売れて、我が国を代表する合唱組曲のひとつとなった。最終楽章「河口」は中学校の音楽の教科書に載り、全国の卒業式などで歌われている。

▷▷▷

病後の指揮、涙あふれる

その後、久留米から東京へと転勤になっていた私は、再び久留米工場勤務となり、九八年に團さんと相談して三十周年記念コンサートを企画した。コンサートは團さんにも特別の意味があった。前年の九月に心筋梗塞《こうそく》で倒れ、奇跡的に回復した團さんが初めて指揮をするのがこのコンサートだったからだ。

同年十二月十三日、同じ石橋文化ホールで團さんは指揮台に立った。演奏を無事終えて楽屋に戻った團さんの目からは涙が流れていた。「指揮台が狭く、落ちるかと思ったよ。これでまた三十年先が見えてきた」。團さんはそう言って私の手を握った。

この模様はＮＨＫテレビで放送された。すると全国のファンから「ＣＤはないのか」という問い合わせが寄せられた。ところが、なぜかＣＤは出ていなかった。「曲が有名になりすぎて、逆に出しにくかったのかもしれませんね」と團さんは言っていたが、ともかく團さんと私はＣＤ作りに取りかかった。

三十周年記念コンサートでの演奏のほかに何を入れるかで難航した。團さんは過去に自分が指揮した合唱曲のテープをいくつも聴いてみたが納得しない。困り果てた私は、懐深く仕舞っていた『筑後川』初演の時のテープを取り出した。

モノラルだが、初演開始を告げるアナウンス、丸山さんを紹介する團さんの声、会場と一緒に歌った團さんの「花の街」まで、コンサートの一部始終が録音されていた。テープが終わるころには團さんの両の目から熱いものが伝い落ちた。「これでいこう」。團さんの声は大きかっ

『筑後川』CDジャケット
初演と30周年記念コンサートライブ録音

た。

▷▷▷

遺影に曲の伝承誓う

こうして新旧ふたつの演奏を収めたCD「筑後川」が出来上がった。しかし「一人の指揮者が三十年を隔てて同じ曲の棒を振るCDは、ギネスブックものかもしれないね」と言っていた團さんは、このCDを聴くこともなく五月十七日、中国で客死された。

あの時のエツ舟に乗っていた龍頭さん、本間さんも今はなく、探しあてた船頭さんも昨年亡くなっていた。作詞の丸山さんもすでに旅立たれている。

この曲の誕生から開花、成熟まで見つめて三十年余。一人残った私の使命だと思う。完成したばかりのCDを捧げ、團さんの遺影にそう誓った。(なかの・まさのり　元・株式会社ブリヂストン久留米工場総務課長)

5

JASRAC音楽文化賞受賞

二〇一七（平成二十九）年の九月、JASRAC（日本音楽著作権協会）から電話を受けた。第四回JASRAC音楽文化賞候補として、「團伊玖磨さんの音楽を楽しむ会」が推薦されている、その詳細を書類で送るので考えてほしいというものだった。

正直言ってこの賞の存在を私は知らなかった。数日後送られてきた資料には、この賞が販売量や売上金額のような数字で評価されるものではなく、地道な音楽文化活動に対し顕彰するものであることが述べられ、選考はNHK、日経、読売、朝日、共同通信社の論説・編集委員の方たちによって行われると記されていた。

更に顕彰理由として次のように書かれていた。

顕彰理由

團伊玖磨が作曲した、壮大なスケールを持つ作品をゆかりの地で、地域の人々らと歌い継ぐ活動を長年にわたり牽引した。日の目を見ることのなかった合唱組曲を発掘・出版し、初演した。創作の舞台となった郷土と、そこに住む人々と作家の想いを、音楽の持つ力で、深く豊かに結びつけた活動をたたえ顕彰する。

プロフィール

福岡県久留米市を創業地とするブリヂストン社勤務時代、同社が進めた文化活動を通じ團伊玖磨との交流を深めた中野政則氏が中心になり、二〇〇〇年に発足した団体。九州ゆかりの團作品の公演を企画・実施しており、團逝去の翌二〇〇二年から五年をかけて、混声合唱組曲「筑後川」全5楽章を楽章ごとに各年〝歌い継ぐ〟コンサートを筑後川流域で開催した。二〇〇七年には、二百人を超える団員によって、團終焉の地・蘇州市で同曲の中国初演を実現させ、以降毎年、團作品の公演を関係の深い場所で開催している。他方二〇一三年、團による幻の合唱組曲「唐津」の自筆譜を発掘・出版し、作曲から三十四年目の二〇一五年に全曲を初演、二〇一七年十月、在京の合唱団により東京初演。

私は顕彰理由の「長年にわたる地道な活動」に快い満足感を覚え、喜んで賞を頂くことを決め、

ＪＡＳＲＡＣへ返答した。
受賞式は十一月十七日、東京・平河町のホテルで行われ夫婦で出席し栄誉を受けた。
私は次のような受賞挨拶をした。

本日のＪＡＳＲＡＣ音楽文化賞のご関係の皆様へまずもって御礼申し上げます。
嬉しさがあふれ意気が高揚しているのを禁じ得ません。多くの人たちとこの喜びを分かち合いたいと思います。
感謝を申し上げたい方もたくさんおられます。
美しい音の花園へ誘ってくれた團伊玖磨さんへの感謝、
團さんとの出会いをつくってくれた石橋幹一郎さんへの感謝、
團さんの作品を演奏することに携わってくれた仲間の友情への感謝、そして妻好子への感謝です。
「團伊玖磨さんの音楽を楽しむ会」の主要事業であります「團伊玖磨記念『筑後川』コンサート」は、この秋で十六年目を迎えました。来年二〇一八年は『筑後川』を作曲された團先生の自宅があった神奈川県葉山町、横浜みなとみらいホールで七月十六日（海の日）に予定しております。

一九六八年の二月、葉山町の團先生の自宅を訪ね、早く作曲してくださいと頼みに参りました。それ以来五十年この作品の成長を見守ってまいりました。来年は『筑後川』作曲五十周年記念を迎えます。その前年に賞を頂いたことが今日の喜びを更に大きいものにしているように思います。

昨年『筑後川』の楽譜出版が十七万部に達しました。この数はこの楽譜を手にして歌っている三十名編成の合唱団が五千団体以上存在していることになります。夏の甲子園を目指す全国出場校が約四千校と言われますから、『筑後川』楽譜を手にして歌っている合唱団はこれを上回ることになります。今更ながらその裾野の広がりを感じます。

そして『筑後川』がオペラ『夕鶴』と並ぶ團伊玖磨の代表作と言われるようになりました。この成長も嬉しいことです。

「人の命は滅びるが作品は何百年も歌われ生き続ける」と團先生は仰っておられました。あのにこやかな笑顔で今日の顕彰を喜んでおられるだろうと思います。今回の顕彰は、團伊玖磨作品を愛し演奏してくださる人たち全てへのご褒美《ほうび》と思っております。

本日は誠にありがとうございました。

二〇一七年十一月十七日

團伊玖磨さんの音楽を楽しむ会代表　中野政則

この受賞の喜びを一緒に團作品を歌い継いできた筑後川の流域の仲間、全国の團作品を奏でる人たちと分かち合いたいと思っている。

第4回JASRAC音楽文化賞の受賞式で
（東京平河町のホテルにて、2017年11月17日）

6

團先生のもとへ帰る『筑後川』

六十年にわたる團伊玖磨（一九二四〜二〇〇一年）の作曲活動は、戦後日本の音楽界の一面を物語るものとなっている。その代表作はやはり国民的オペラと称される『夕鶴』であろう。七つのオペラ、六曲の交響曲、十一の歌曲集のほか、管弦楽曲、室内楽曲、合唱曲、吹奏楽曲、歌曲、童謡、そして演劇付帯音楽や映画音楽と膨大な作品数となる。

團は二十代から鎌倉に住み、その後、葉山（逗子市）、秋谷（横須賀市）と移りながら神奈川の地で作曲活動を続けた。

自作の指揮に従事した團の演奏活動は全国に及んだが、やはり東京と九州が特に多かったように思う。そして毎年の合唱と管弦楽のための組曲『横須賀』演奏会を始めとして数多くの演奏会を神奈川で行った。最後の歌曲集『マレー乙女の歌へる』（全三十曲）初演は横浜みなとみらいホール小ホールで二〇〇一年三月十一日に行われた。今も心に残る感銘深いものだった。

五十年以上にわたり神奈川県に住み、県下の文化活動に長く貢献している。「交響曲第四番」は神奈川県をイメージして書かれ、『横須賀』や市歌、町歌、校歌等ゆかりの作品も数多い。


丸山豊の詩を前に『筑後川』の作曲にかかっていた團さんの葉山の自宅を、私が初めて訪ねたのは一九六八（昭和四十三）年二月四日の日曜日だった。

「初めて創る合唱組曲だったし、アマチュア合唱団に楽しく歌ってもらうことも考え正直言って難しかった」と、後に語っていたが、作曲家の苦悩を垣間見た思いがした。

思うように進まない團さんの様子を見た和子夫人から「主人の作曲が一区切りつくまで外に出ましょう」と誘われ、三浦三崎まで出かけたが、冬の陽光に三浦半島の菜の花は輝いていた。

葉山の家から『筑後川』の楽譜が初演地の久留米へ送られ、終章「河口」が届いたのは、初演のために久留米入りした團さんが持参したもので、本番三日前だった。同年十二月二十日、團さん自身の指揮により石橋文化ホールで『筑後川』が初演された。その後『筑後川』は全国で歌われ、わが国を代表する合唱曲の一つとなった。

「横須賀市秋谷にて一九七四年七月二日」と、編曲完了日を示す團さんの直筆文字が、管弦楽版『筑後川』スコアの最終頁には残る。一九七四（昭和四十九）年の第六回九州沖縄芸術祭は「團伊玖磨のすべて」と題して九州八県を巡回する演奏会だった。オペラ『夕鶴』抜粋と共に、『筑後川』が、團自身が指揮する九州交響楽団（九響）、各県の地元合唱団により演奏される企画だった。自ら管弦楽版『筑後川』の編曲を終えた團は、合唱団の練習のため秋谷の自宅から半年間「九州通い」を続けた。

演奏会は大成功をおさめ、その後管弦楽版『筑後川』はLPレコードとなり全国へ広まり、わが国の主要オーケストラで演奏され、現田茂夫指揮九響、團伊玖磨記念『筑後川』合唱団によるCDも全国リリース（フォンテック）されている。

團さんは、子供の歌を演奏プログラムに入れる打ち合わせを私としている時に、鎌倉に住んでいた二十代の頃のことをポツリと話されることがあった。緑に囲まれた鎌倉の環境の中『ぞうさん』、『やぎさんゆうびん』、『おつかいありさん』などたくさんの子供の歌が、世に送り出されていった。子供の歌を一所懸命に書く心は、離れて暮らすことになった我が子への心だったと話されたことがあった。二十七歳の作品、オペラ『夕鶴』もこの鎌倉の地で作曲された。

無伴奏混声合唱曲『二つの碑銘』は、特にこの地との思いも深かったようで、機会があったらやりたいねと楽譜も手渡されていた。

『二つの碑銘』のひとつ「七里ヶ浜」は、哲学者西田幾多郎の旧居のあった鎌倉の七里ヶ浜に同氏を記念する碑が建った一九五二（昭和二十七）年、その除幕式のために作曲した。もう一曲の「遠き日の」も、詩人原民喜の詩碑（広島市）の除幕式で歌われた作品だった。

團さんの死後、演奏の機会を探っていた私は、作品に共感してくださった「太宰府混声合唱団」の指揮者、尾籠一夫さんに頼み、「團伊玖磨記念『筑後川』ＩＮ日田」（二〇〇九年）の会場で、『二つの碑銘』を演奏していただいた。「遠き日の」は、渚に寄せる波の音が、ハミングで絶妙に美しく調和した印象的な作品であった。


秋谷の自宅で、「『筑後川』流域コンサート」の計画を團さんが私に話し始めたのは一九九九年二月十一日だったことは前述した。二〇〇一年五月十七日、中国蘇州で急逝し、その遺志を継ぎ、二〇〇二年から「團伊玖磨記念『筑後川』コンサート」としてゆかりの地で毎年開催してきた。

葉山、秋谷の團さんの自宅で話したこと、鎌倉とそこから生まれた作品を語る團さんの思い出は、私にとって大きなものだった。

思い出多い葉山生まれの『筑後川』を、作曲五十周年（二〇一八年）の年に神奈川でと考え、私は神奈川県立音楽堂の木村聡さんを横浜に訪ね相談を始めていた。二〇一四（平成二十六）年九月二十五日のことだった。團さんご存命の頃から木村さんとは旧知の間柄で、九州での流域コンサートにも木村さんは何度か足を運んでくださっていた。

團さんが「三部作」と呼んでいた三つの合唱組曲『横須賀』、『北九州』、『唐津』のひとつ『唐津』が演奏されることなく眠ったままになっていたのが、三十四年ぶりに初演できる目途がついた頃だった。團さんは詩人の栗原一登とのコンビで作曲したこの三つの郷土讃歌を、八〇年代の初めに集中的に作曲したこともあって「三部作」と言っていた。

『唐津』は二〇一五年五月十七日の團さんの祥月命日に合わせて開かれた「團伊玖磨記念『筑後川』IN八女二〇一五」の会場で、福岡日本フィル協会合唱団によって全曲初演が行われた。「八女」の会場には木村さんも神奈川から来てくださって関心を示してくださった。

その後、神奈川での「團伊玖磨記念『筑後川』コンサート」は、九州での流域コンサートに参加してきた「横須賀『筑後川』を歌う会」や「金沢高校PTA混声合唱団」の神奈川の人たちが実行委員会を組織して、「團伊玖磨さんの音楽を楽しむ会」も協力して開催へ向け準備が進んでいった。九州で発生した水害や熊本地震の被災地を見舞うチャリティーコンサートを折り込んだ内容だった。

そして、二〇一八（平成三十）年七月十六日に横浜みなとみらいホール大ホールで、「團伊玖磨記念『筑後川』IN神奈川二〇一八」として開かれることになった。

神奈川ゆかりの團作品と『唐津』、『横須賀』（いずれも抜粋）が『筑後川』の前に歌われる予定だ。

二〇一七年十月二十九日、太宰府市プラム・カルコアでの「團伊玖磨記念『筑後川』IN太宰府二〇一七」の閉会式の司会を務めた私は、「来年二〇一八年は、『筑後川』は團先生が住んでおられた神奈川の團先生のそばへ帰ります。神奈川でお目にかかりましょう」と五百名の合唱団の皆さんへ言葉を述べて幕を閉じた。

時の流れの中に私たちが、この曲の持った五十年はいまだ僅《わず》かな時間だともいえる。この先の五十年、いや百年、二百年、三百年、永久の時間の中に『筑後川』が美しく豊かに流れることを祈りたいと思う。

「團伊玖磨記念合唱組曲『筑後川』IN神奈川2018」チラシ

在りし日の團伊玖磨夫妻と（久留米、1997年1月21日）

あとがき

お会いした方々ありがとう。

二〇〇二年から続けてきた「團伊玖磨記念『筑後川』流域コンサート」の統括プロデュースに、一区切りつける時が来た。

「太宰府」を終えた直後、急性白血病の余命宣告を受けた。人生何があるかわからないことが起こるが、七十六年病とは無縁の人生だった身に病気の告知を受けた。

多くなった同年代の友人の訃報に、彼岸への渡り廊下の入口に向き合っていることは悟っていたが、「生きるとは」を正面から考えることになった。

「気丈に生きる」

「太宰府」からバトンが渡り、『筑後川』作曲五十周年の年に横浜・みなとみらいホールで開く團伊玖磨記念『筑後川』ＩＮ神奈川二〇一八の準備へ向け全力を集中した。

参加者がいる限り続けていく覚悟をもって長い間やってきたひとつの縁が終わったと一抹の寂しさを覚えるが、病には勝てない。團伊玖磨さんの音楽を楽しむ会のプロデュースは終わる。

人生には無数の岐路がある。

どの道が正しかったかは分からないまま終わってしまうこともある気がする。

石橋幹一郎さんから引き合わされた團さんとの出会いから五十余年。一九六八年の混声合唱組曲『筑後川』の創作誕生から開花、成熟まで見つめて五十年。

六十歳定年の年に「やがて暇になりますよね」と、誘いかけられた團さんのあのひとことから、「團伊玖磨さんの音楽を楽しむ会」の立ち上げ、『筑後川』流域コンサートの企画へ。團さんが中国で急逝され、その後は遺言を背負って一人で歩むことになり一緒に歩いたのは一年半だった。


團さんの三回忌にあたり著した前作の『團さんの夢』（出窓社刊・二〇〇三年）の中で語る團さんの言葉は、その後の活動の指南書として足元を照らしてくれた。思いは生き続ける、受け継ぐ思いがある限り、生み出される舞台と感動は無限だと教えてくれた。

昨年の秋、在京メディア関係者の選考により「永年にわたる地道な活動」との顕彰理由で第四回JASRAC音楽文化賞を頂いた時、歩いてきた道は間違いじゃなかったと確信できた。この喜びを「團作品」を歌い継いできた仲間たちと分かち合いたいと思った。


音楽は目には見えない。楽譜だけあっても無音のままだ。奏でられ、歌われ、聴かれ続けることで初めて音楽は時代を超える。

作曲後三十四年埋もれたままになっていた合唱組曲『唐津』の初演を終えた日、上演を託されていた作詞・作曲の栗原一登、團伊玖磨両氏に手を合わせた。
「生かされた者の使命が果たされた気がした」

團伊玖磨作品は広くそして深い。私が関わる「九州作品」にしても個人の一生でその全貌を紹介することは到底出来ないだろうくらいのことは分かる。次の人にバトンを渡すという世界がある。毎年書く誕生日ノートに「バトンを継ぐ」と題し記したのは七十四歳の時だった。

二〇一五年夏、『筑後川』作曲五十年の年に『筑後川』流域コンサート二十年の集大成を出版する計画で、東京・出窓社の矢熊社長を訪ねた。九州での『筑後川』流域コンサートに足を運んでくださったこともある同社長へ親しみを持ってご相談を申し上げた。

それからおよそ二年。「太宰府」の前には本の全編を書き上げていた。「神奈川」の準備と並行して進め、ここに上梓の運びとなった。

矢熊社長には言葉には言い尽くせないほどお世話になった。心から御礼を申し上げたい。

温かく見守ってくれた皆さんありがとう。

二〇一八（平成三十）年三月十八日

金婚式を前にした好子の誕生日・久留米耳納山里の自宅にて

中野政則

筑後川よ永遠なれ ◎ 資料編

⑴ 團伊玖磨記念『筑後川』開催地
⑵ 團伊玖磨記念『筑後川』で歌われたわがまちのうた
⑶ 團伊玖磨記念『筑後川』で演奏された
團伊玖磨の作品（『筑後川』以外）
⑷ 團伊玖磨記念『筑後川』参加合唱団（2002～2017）
⑸ ２台のピアノによる『筑後川』　演奏記録
⑹ 管弦楽版『筑後川』　演奏記録
⑺ 團伊玖磨七十七年の足跡
⑻ 丸山豊プロフィール
⑼ 混声合唱組曲『筑後川』作曲五十年の歩み

⑴ 團伊玖磨記念『筑後川』開催地

開　催		１日公演数	『筑後川』合唱人員	総参加者	テーマ
２００２年	小国	１回公演	３２５	４００	「２８水」５０回忌　流域連携
２００３年	吉井	２回公演	４６０	６００	故郷讃歌を讃えて
２００４年	城島	３回公演	６００	８００	国民文化祭「水と文化」
２００５年	佐賀	２回公演	５１０	７００	團さんと佐賀作品
２００６年	大川	２回公演	６５０	８００	歌い継ぐ
２００７年	中国蘇州	１回公演	２００	２００	揚子江に響く『筑後川』
２００７年	小国	１回公演	４００	５００	「感謝」コンサート
２００８年	朝倉	２回公演	５３０	７００	作曲４０周年記念
２００９年	東京	１回公演	３１７	５００	ふたつの川の合唱組曲
２００９年	日田	２回公演	６００	７００	水郷にひびく『筑後川』
２０１１年	柳川	２回公演	７００	９５０	北原白秋と團伊玖磨
２０１３年	桧原	２回公演	５３０	７００	ひびきあう　桧原桜と歌声と（十三回忌）

２０１４年　大牟田	１回公演	５００	７００	有明の海　三池港に響け團琢磨のこころと『筑後川』
２０１５年　八女	２回公演	５１４	９００	茶の国 八女に響く『矢部川』『だご汁の歌』團伊玖磨　故郷の調べ
２０１５年　八丈島	１回公演	２３０	３００	〝名曲誕生の地、八丈島に響け〟全国『筑後川』ファンのハーモニー
２０１６年　佐世保	１回公演	５００	９００	『西海讃歌』を歌い継ぐまち佐世保から全国発信
２０１７年　太宰府	２回公演	５４０	９００	古代日本の「西の都」に響く全国愛唱者による『筑後川』
２０１８年　神奈川	１回公演			〝團伊玖磨と神奈川～九州復興チャリティー～團伊玖磨生誕９５年、『筑後川』作曲５０周年〟

2008年　朝倉

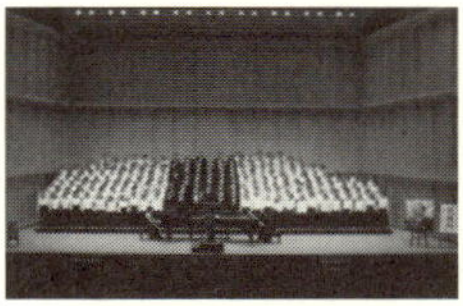

2009年　日田

2011年　柳川

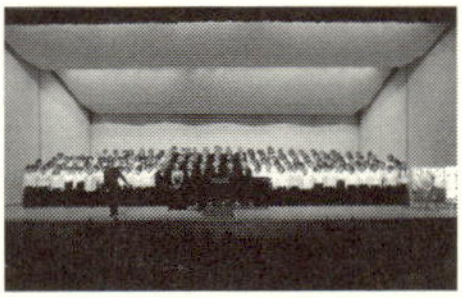

2013年　桧原

2015年　八女

2017年　太宰府

⑵團伊玖磨記念『筑後川』で歌われたわがまちのうた

合唱	曲名
コールはなみずき（小国町）	小国セレナーデ　組曲「火のくにのうた」より「阿蘇」
みのう音楽祭『筑後川』を歌う会（うきは市）	混声合唱組曲「吉井讃歌」
竹田混声合唱団	合唱組曲「石橋の町」荒城の月　佐藤義美作品集
あまぎあさくら歌う会（朝倉市）	合唱組曲「あさくら讃歌」
鳥栖市民合唱団	鳥栖賛歌フィナーレ　肥後十花　とりんすとりんす鳥栖の町
大川児童合唱団	政男の子守歌　青春サイクリングなどの古賀メロディー
城島女声合唱団（久留米市）	城島夢綴り
城島町少年少女合唱団（久留米市）	風の祭うた
八女グリーンクラブ	八女茶山唄
小郡混声合唱団	「かもめに寄す」小郡出身野田宇太郎・作詩　風が輝くとき
おおむたグリークラブ	大牟田市民憲章の歌
佐賀県合同合唱団（佐賀市、鳥栖市、唐津市）	佐賀県民の歌（團伊玖磨・作曲）佐賀国体の歌（同）唐津市の歌（同）
コーロ・アンジェリカ（佐賀市）	佐賀民謡「ひしやんよう」

八女混声合唱団	だご汁の歌（團伊玖磨・作曲）
大川グリーンハーモニー	白秋の生まれた町で
桐の花女声合唱団（大川市）	吉井浜思い出の歌
白秋をうたうコーラス蘭の会（柳川市）	白秋讃歌　白秋作品の曲
菊池市民合唱団	混声合唱組曲『菊池』
中津混声合唱団	混声合唱組曲『山国川』
太宰府混声合唱団	カンタータ「福岡」より「博多山笠」
フラウエンコール南（福岡市）	緑のわたしの街
大牟田合唱連盟合同	混声合唱曲「炭坑節」（初演）
八丈混声合唱団	八丈舟歌
ＹＯＫＡＣＯＮ市民合唱団（八女市）	愛の棲む街
太宰府・水城を歌う会	水城村の地勢（度量衡の歌）　時の記念日の歌　宮村翁の歌

⑶ 團伊玖磨記念『筑後川』で演奏された團伊玖磨の作品（『筑後川』以外）

◎一覧表内の（作詞欄）※は團伊玖磨童謡三（さん）部作として作詞者名を省略
ぞうさん（詞・まど・みちお）　おつかいありさん（詞・関根榮一）　やぎさんゆうびん（詞・まど・みちお）

	曲名	作詞	演奏団体
小国 2002	混声合唱組曲『筑後風土記』より 第3章　矢部川　第4章　むつごろうの歌	栗原　一登	八女「矢部川を歌う会」（八女混声合唱団）
	だご汁の歌	今村　圀彦	
	混声合唱組曲『大阿蘇』全5章	丸山　豊	東洋大学混声合唱団
	ぞうさん　おつかいありさん	※	小国町保育園園児
吉井 2003	混声合唱組曲『筑後風土記』より 第5章　召しませな　―終曲―	栗原　一登	八女「矢部川を歌う会」（八女混声合唱団）
	だご汁の歌	今村　圀彦	
	「六つの子供の歌」より（萩原英彦編曲　初演） さより　からりこ　秋の野	北原　白秋	「みのう音楽祭」筑後川をうたう会女声コーラス
	ぞうさん　おつかいありさん　やぎさんゆうびん	※	大川児童合唱団
	子守うた	野上　彰	（シュタインブリュッケ合唱団女声と共演）
	混声合唱曲『岬の墓』	堀田　善衛	シュタインブリュッケ合唱団
	混声合唱組曲『筑後風土記』より 第1章　序の歌　第3章　矢部川	栗原　一登	八女「矢部川を歌う会」（八女混声合唱団）

	城島 2004	佐賀 2005
曲目	だご汁の歌 混声合唱組曲『川のほとりで』（全5章） 佐賀県民の歌 交響詩『伊万里』 混声合唱組曲『長崎街道』 ぞうさん　おつかいありさん　やぎさんゆうびん 1年生はいいな 子守うた	佐賀県民の歌 佐賀大学附属幼稚園園歌 ぞうさん　おつかいありさん　やぎさんゆうびん 佐賀国体の歌 東明館校歌 唐津市の歌 みどりのふるさと―白石地区農協の歌 混声合唱組曲『筑後風土記』全5章 だご汁の歌 佐藤義美童謡集より 　月の中　むしのおんがく　木の実号 ぞうさん　おつかいありさん　やぎさんゆうびん 子守うた 混声合唱組曲『海上の道』全5章
	今村　圀彦 江間　章子 明石　章八 片岡　繁男 辻井　喬 ※ まど・みちお 野上　彰	明石　省八 鶴田佐知子 ※ 南　英一 丸山　豊 栗原　一登 米倉　利昭 栗原　一登 今村　圀彦 さとうよしみ ※ 野上　彰 丸山　豊
	江戸川混声合唱団（東京都江戸川区） 伊万里合唱団　鳥栖市民合唱団 伊万里合唱団（佐賀県伊万里市） 長崎街道を歌う会（八女郡上陽町） 城島少年少女合唱団 （江戸川混声合唱団女声と共演）	佐賀県内の合唱団と個人参加の方 佐賀大学附属幼稚園園児 佐賀県内の合唱団と個人参加の方 東明館中学・高校・卒業生合同合唱団 佐賀県内の合唱団と個人参加の方 佐賀県内の合唱団と個人参加の方 八女混声合唱団 竹田混声合唱団 城島少年少女合唱団 （シュタインブリュッケ合唱団女声と共演） シュタインブリュッケ合唱団

	曲名	作詞	演奏団体
大川 2006	さより　秋の野（萩原英彦編曲）	北原　白秋	みのう音楽祭『筑後川』を歌う会女声コーラス
	ぞうさん　おつかいありさん　やぎさんゆうびん	※	城島少年少女合唱団・大川児童合唱団
	1年生はいいな	まど・みちお	城島少年少女合唱団
	子守うた	野上　彰	大川児童合唱団（文京混声合唱団女声と共演）
	ピアノと女声合唱のための『燕のうた』	G・ダンヌンツィオ 上田　敏・訳	合唱団めのう
	合唱と管弦楽のための『西海讃歌』（ピアノ版）	藤浦　洸	佐世保市民合唱団
	海を探しに行こう	辻井　喬	訪中合唱団
	混声合唱組曲『筑後風土記』全5章	栗原　一登	文京混声合唱団（八女混声合唱団と共演）
	だご汁の歌	今村　圀彦	
中国・蘇州2007	花の街	江間　章子	訪中合唱団（200名）
	海を探しに行こう	辻井　喬	
小国 2007	合唱組曲『唐津』（全7章）より　第3章「七ツ釜」	栗原　一登	あまぎあさくら歌う会
	ぞうさん　やぎさんゆうびん　おつかいありさん	※	宮原保育園園児（コールはなみずき共演）
	子守うた	野上　彰	
	花の街	江間　章子	訪中合唱団
	からりこ　秋の野　さより（萩原英彦編曲）	北原　白秋	カノーネ
	子守うた	野上　彰	

	曲目	作詞	合唱団
朝倉 2008	おほしさま		杷木少年少女合唱団
	ぞうさん　やぎさんゆうびん　おつかいありさん	※	
	秋の野　さより	北原　白秋	
	花の街	江間　章子	
	ピアノと女声合唱のための「燕の歌」	G・ダンヌンツィオ 上田　敏・訳	合唱団めのう
東京 2009	混声合唱組曲『川のほとりで』　全曲	江間　章子	江戸川混声合唱団
	混声合唱曲『岬の墓』	堀田　善衛	シュタインブリュッケ合唱団（東京）
	混声合唱組曲『筑後風土記』全5章	栗原　一登	文京混声合唱団
	合唱と管弦楽のための組曲『横須賀』より Ⅰ序章　ふるさとよ　Ⅱ白きかもめ（弟橘媛追慕） Ⅴ終章　この手で	栗原　一登	横須賀市合唱団体連絡協議会合唱団
	ぞうさん　やぎさんゆうびん　おつかいありさん	※	江戸川少年少女合唱団
	はるのうた	さとうよしみ	
	子守りうた	野上　彰	
日田 2009	ぞうさん　やぎさんゆうびん　おつかいありさん	※	日田少年少女合唱団
	秋の野　「六つの子供の歌」より	北原　白秋	
	花の街	江間　章子	
	混声合唱曲「二つの碑銘」　七里ケ浜	西田幾多郎	太宰府混声合唱団
	〃　遠き日の	原　民樹	
	ひぐらし	北村冬一郎	

	曲名	作詞	演奏団体
柳川 2011	さより「六つの子供の歌」より（萩原英彦編曲）	北原 白秋	白秋をうたうコーラス蘭の会
	混声合唱組曲『川のほとりで』より 2．都鳥のうた 4．窓のまち 6．川は海へ	江間 章子	福岡日本フィル協会合唱団
	ぞうさん やぎさんゆうびん おつかいありさん	※	ジュニアコーラス Wing 21（柳川）
	はるのうた	さとうよしみ	
	子守うた	野上 彰	
	混声合唱組曲『筑後風土記』より 3．矢部川 4．むつごろうの歌	栗原 一登	八女混声合唱団
	混声合唱組曲『長崎街道』より 3．太宰府の春	辻井 喬	太宰府混声合唱団
	おほしさま	都築 益代	大川児童合唱団
	ぞうさん やぎさんゆうびん おつかいありさん	※	
	「六つの子供の歌」より 秋の野、さより（萩原英彦編曲）	北原 白秋	
	花の街	江間 章子	
桧原 2013	「六つの子供の歌」より 秋の野 さより（萩原英彦編曲）	北原 白秋	白秋をうたうコーラス蘭の会
	はる	谷川俊太郎	フラウエンコール南
	ぞうさん やぎさんゆうびん おつかいありさん	※	大川児童合唱団
	子守うた	野上 彰	
	混声合唱組曲『川のほとりで』より 2．都鳥のうた 4．窓のまち 6．川は海へ	江間 章子	福岡日本フィル協会合唱団
	花の街	江間 章子	

小国コールはなみずき

みのう音楽祭『筑後川』を
歌う会

シュタインブリュッケ合唱団

八女混声合唱団

大川グリーンハーモニー・
桐の花女声合唱団

大牟田 2014

明光学園校歌	阿倍壱與子	明光学園中学・高校合唱部
大牟田商業高校校歌	持田　勝穂	大牟田商業高校同窓会有志
ぞうさん　やぎさんゆうびん　おつかいありさん	※	大川児童合唱団
子守うた	野上　彰	協演 桐の花女声合唱団 大川グリーンハーモニー
「六つの子供の歌」より	北原　白秋	明光学園中学・高校合唱部
秋の野　さより　からりこ（高校生初演）		
混声合唱組曲『筑後風土記』	栗原　一登	八女混声合唱団
第1章　序のうた　第2章　櫨物語		
第3章　矢部川　第4章　むつごろうの歌		
第5章　召しませな—終曲		
混声合唱組曲『川のほとりで』	江間　章子	福岡日本フィル協会合唱団
第1章　川のほとりで　第2章　都鳥のうた		
第3章　岸辺のポニー　第4章　窓のまち		
第5章　七草篭　第6章　川は海へ		

	曲名	作詞	演奏団体
八女 2015	八女学院校歌	中島 宝城	八女学院合唱部
	八女消防の歌	今村 圀彦	八女消防本部音楽隊
	だご汁の歌	今村 圀彦	八女学院合唱部・八女消防本部音楽隊（演奏）
			YOKACON合唱団
	ぞうさん　やぎさんゆうびん　おつかいありさん	※	八女児童合唱団
	はるのうた	さとうよしみ	
	子守うた	野上 彰	
	混声合唱組曲『筑後川』より「河口」（葛西 進・編曲　児童版）	丸山 豊	
	ぞうさん　やぎさんゆうびん　おつかいありさん	※	大川児童合唱団
	子守うた	野上 彰	
	合唱組曲『唐津』（全章初演）	栗原 一登	福岡日本フィル協会合唱団
	Ⅰ 序章―名も美しく		
	Ⅱ 領布（ひれ）振りて―佐用姫（さよひめ）の歌える		
	Ⅲ 七ツ釜―幼な子へ　1．父の歌　2．母の歌		
	Ⅳ ロクロは歌う―末盧（まつら）の夢の唐津焼		
	1．ロクロよ廻れ　2．窯（かま）よ燃えろ		
	Ⅴ 裏町勘右衛（かんねぇ）話		
	Ⅵ 曳山（やま）が行く―唐津おくんち		
	1．宵曳山（よいやま）　2．御神幸（ごしんこう）		
	Ⅶ 終章―われら未来を信ず		
八丈島 2015	大賀郷小学校校歌	光山樹太郎	大賀郷小学校音楽部
	海を探しに行こう	辻井 喬	八丈混声合唱団
	花の街	江間 章子	團伊玖磨記念『筑後川』合唱団
	だご汁の歌	今村 圀彦	
	混声合唱曲『岬の墓』	堀田 善衛	『岬の墓』を歌う会

佐世保2016	太宰府2017
團伊玖磨童謡・歌曲メドレー ぞうさん　やぎさんゆうびん　おつかいありさん 合唱と管弦楽のための『西海讃歌』 江迎町町歌 長崎北陽台高校校歌 混声合唱組曲『海上の道』より 　1．海の旅人　3．夜の海　5．沖は紺青 團伊玖磨童謡メドレー 　ぞうさん　やぎさんゆうびん　おつかいありさん はる 　子守うた 　だご汁の歌 合唱組曲『唐津』より 　1．序章―名も美しく　3．七ツ釜 　5．裏町勘右衛話	混声合唱組曲『筑後川』より「河口」（吹奏楽版） 太宰府中学校校歌 合唱組曲『長崎街道』より「太宰府の春」 混声合唱組曲『筑後風土記』より「矢部川」 だご汁の歌 ぞうさん　やぎさんゆうびん　おつかいありさん 秋の野 花の街 さより　秋の野　からりこ（萩原英彦編曲）
※ 藤浦　洸 瀬川　三郎 山本　健吉 丸山　豊 ※ 谷川俊太郎 野上　彰 今村　圀彦 栗原　一登	丸山　豊 西山　和雄 辻井　喬 栗原　一登 今村　圀彦 ※ 北原　白秋 江間　章子 北原　白秋
佐世保ジュニア合唱団 佐世保市民合唱団 江迎少年少女合唱団　コールマーガレット 清峰高校コーラス部 合唱団やまびこ 波佐見児童合唱団 カノーネ　かいこうず他八丈島参加の皆さん 福岡日本フィル協会合唱団	太宰府混声合唱団　女声合唱団うめの実 メール・クワイア筑紫　太宰府市民吹奏楽団 太宰府中学校生徒128名 太宰府混声合唱団　女声合唱団うめの実 メール・クワイア筑紫 合唱団せたか 太宰府市東風少年少女合唱団 波佐見児童合唱団 鳥栖フラウエンコール

⑷ 團伊玖磨記念『筑後川』参加合唱団（２００２〜２０１７）

コールはなみずき（熊本県小国町）
あまぎあさくら歌う会（福岡県朝倉市）
みのう音楽祭「筑後川」を歌う会
（福岡県うきは市）
浮羽高校ＯＢ合唱団（福岡県うきは市）
ハーモニー花梨（福岡県うきは市）
合唱団翼（福岡県うきは市）
小郡混声合唱団（福岡県小郡市）
鳥栖市民合唱団（佐賀県鳥栖市）
八女混声合唱団（福岡県八女市）
竹田混声合唱団（大分県竹田市）
日田市民合唱団（大分県日田市）
城島町女声合唱団（福岡県久留米市）
大川児童合唱団（福岡県大川市）
玉名市民合唱団（熊本県玉名市）
城島町少年少女合唱団（福岡県久留米市）
白秋を歌うコーラス蘭の会（福岡県柳川市）
大川グリーンハーモニー（福岡県大川市）
桐の花女声合唱団（福岡県大川市）
コーロ・アンジェリカ（佐賀県佐賀市）
東明館中・高校・卒業生（佐賀県基山町）
ルピナス・エコー（佐賀県唐津市）
佐賀有明合唱団（佐賀県佐賀市）
佐賀大学附属幼稚園園児（佐賀市）
ハーモニーコスモス（福岡県大川市）
大川男声合唱団（福岡県大川市）
古賀メロディーギターアンサンブル
（福岡県大川市）
福岡教育大附属久留米中学校
（福岡県久留米市）
河内中学校（大分県豊後高田市）
「長崎街道」を歌う会（福岡県八女市）
八女グリーンクラブ（福岡県八女市）
おおむたグリークラブ（福岡県大牟田市）
伊万里合唱団（佐賀県伊万里市）
カノーネ（鹿児島県姶良市）
コールセシリア（山口県下関市）
夢気球みわ（福岡県朝倉郡）
佐世保市民合唱団（長崎県佐世保市）
中津混声合唱団（大分県中津市）
菊池市民合唱団（熊本県菊池市）
合唱団めのう（福岡県福岡市）
宮原保育園園児（熊本県小国町）
太宰府混声合唱団（福岡県太宰府市）
女声合唱団うめの実（福岡県太宰府市）
メール・クワィア筑紫（福岡県大野城市）
あさくら讃歌合唱団（福岡県朝倉市）
朝倉高校音楽部（福岡県朝倉市）
杷木少年少女合唱団（福岡県朝倉市）
菜の花合唱団（福岡県朝倉市）
女声合唱団日田コールアイリス
（大分県日田市）
日田市合同合唱団（大分県日田市）
日田少年少女合唱団（大分県日田市）
宝珠山女声合唱団（福岡県朝倉郡）
混声合唱団つくしの風（福岡県春日市）
高槻市民合唱団（大阪府高槻市）
東洋大学混声合唱団（東京都）
シュタインブリュッケ合唱団（東京都）
江戸川混声合唱団（東京都）
文京混声合唱団（東京都）
八丈混声合唱団（東京都八丈町）
メンネルコールけやき（東京都）

世田谷区民合唱団（東京都）
横須賀合唱団体連絡協議会合唱団
（神奈川県）
江戸川区少年少女合唱団（東京都）
横浜紅葉丘合唱団（神奈川県）
美浜混声合唱団（千葉県）
葛飾区民合唱団（東京都）
龍ケ崎混声合唱団（茨城県）
飯野混声合唱団（福島県）
松戸混声合唱団（千葉県）
合唱団うぶすな（福岡県柳川市）
ジュニアコーラスウイング21
（福岡県柳川市）
長崎アカデミー男声合唱団（長崎県）
福岡日本フィル協会合唱団（福岡市）
山門高校OB合唱団（福岡県柳川市）
はなしょうぶ（福岡県柳川市）
からたち（福岡県柳川市）
オレンジ（福岡県柳川市）
フラウエンコール南（福岡県福岡市）
明光学園中学校・高等学校合唱部
（福岡県大牟田市）
大牟田音協合唱団（福岡県大牟田市）

大牟田混声合唱団（福岡県大牟田市）
コールアンジェラ（福岡県大牟田市）
スィートハーモニー（福岡県大牟田市）
コールゆうゆう（福岡県大牟田市）
大牟田商業高校同窓会有志
（福岡県大牟田市）
コールレガート（福岡県みやま市）
高田オレンジ（福岡県みやま市）
山川からたち（福岡県みやま市）
豊能ユーベルコール（大阪府）
大阪旭区民合唱団リリオ（大阪市）
横須賀『筑後川』を歌う会
（神奈川県横須賀市）
八女学院音楽部（福岡県八女市）
八女ジュニア合唱団（福岡県八女市）
YOKACON市民合唱団（福岡県八女市）
八女消防本部音楽隊（福岡県八女市）
『岬の墓』を歌う会（東京都）
大阪市民合唱団（大阪市）
大賀郷中学校音楽部（東京都八丈町）
都立八丈高校（東京都八丈町）
三原歌おう会（東京都八丈町）
八丈混声合唱団（東京都八丈町）

金沢高校PTA混声合唱団
（神奈川県横浜市）
江迎少年少女合唱団（長崎県佐世保市）
清峰高校コーラス部（長崎県佐世保市）
波佐見児童合唱団（長崎県東彼杵郡）
佐世保ジュニア合同合唱団
（長崎県佐世保市）
太宰府・水城を歌う会（福岡県太宰府市）
太宰府市東風児童合唱団（福岡県太宰府市）
コール秋桜（福岡県太宰府市）
エコー西高宮（福岡県福岡市）
コールマリア（福岡県福岡市）
浄運寺合唱団（福岡県福岡市）
コールマリア（福岡県福岡市）

＊毎回、個人参加のかたちで、全国から多数の個人参加者が合唱団と共に『筑後川』を合唱したことを付記いたします。

⑸ ２台のピアノによる『筑後川』演奏記録

演奏日／演奏会名	演奏団体／指揮	演奏地
１９８９年6月5日／ヘンデル国際音楽祭（38回目）	オール三菱合唱団／團伊玖磨	東ドイツハレ市
１９９０年10月28日／久留米市民大合唱	久留米市民大合唱／團伊玖磨	久留米・石橋文化ホール
１９９８年12月10日／『筑後川』作曲３０周年記念コンサート	久留米音協合唱団／團伊玖磨	久留米・石橋文化ホール
２０００年11月3日／合唱団Ｒｏｓｅｎ　Ｓｔａｄｔ　Ｃｈｏｒ　演奏会	Ｒｏｓｅｎ　Ｓｔａｄｔ　Ｃｈｏｒ	仙台市青少年文化ホール
２００７年8月26日／合唱団つばさ　演奏会	北九州・合唱団つばさ／双紙政俊	北九州市・響ホール
２００７年9月9日／中津混声合唱団演奏会	中津混声合唱団／双紙政俊	大分・中津市民会館
２００７年9月23日／團伊玖磨記念『筑後川』ＩＮ小国２００７	團伊玖磨記念『筑後川』合唱団／現田茂夫	熊本県・小国ドーム
２００９年10月4日／團伊玖磨記念『筑後川』ＩＮ東京２００９	團伊玖磨記念『筑後川』合唱団／現田茂夫	東京都江戸川区総合文化センター
２００９年11月3日／團伊玖磨記念『筑後川』ＩＮ日田２００９	團伊玖磨記念『筑後川』合唱団／現田茂夫	日田市・パトリア日田

２０１１年５月22日／團伊玖磨記念『筑後川』ＩＮ柳川２０１１	團伊玖磨記念『筑後川』合唱団／現田茂夫	柳川市民会館
２０１３年９月８日／小田原木曜会創立45周年記念演奏会	混声合唱団「小田原市木曜会」／栗原　寛	小田原市民会館大ホール
２０１４年３月９日／團伊玖磨記念『筑後川』ＩＮ大牟田２０１４	團伊玖磨記念『筑後川』合唱団／現田茂夫	大牟田文化会館大ホール
２０１５年２月15日／旭区民合唱団「リリオ」定期演奏会	大阪市旭区民合唱団「リリオ」／中塚昌昭	大阪市旭区民ホール
２０１５年５月17日／團伊玖磨記念『筑後川』ＩＮ八女２０１５	團伊玖磨記念『筑後川』合唱団／現田茂夫	八女市民会館「おりなす八女」大ホール
２０１５年９月27日／大阪区民合唱団演奏会	大阪区民合唱団・１０団体合同／中塚昌昭	大阪市旭区民ホール
２０１６年７月１日／大和混声合唱団第46回定期演奏会	大和混声合唱団／新倉善彦	神奈川県立音楽堂
２０１６年11月６日／團伊玖磨記念『筑後川』ＩＮ佐世保２０１６	團伊玖磨記念『筑後川』合唱団／現田茂夫	佐世保市・アルカスＳＡＳＥＢＯ
２０１６年12月19日／第64回くにたち音楽祭	国立音楽大学付属中学・高等学校／小向宏明	国立音楽大学大ホール

⑹管弦楽版『筑後川』演奏記録

開催年月日／コンサート名	合唱	オーケストラ／指揮者	開催会場
1974年10月4日／第6回九州沖縄芸術祭 團伊玖磨のすべて（管弦楽版初演）	西部合唱連盟北九州支部	九州交響楽団／團伊玖磨	小倉市民会館
1974年10月18日／第6回九州沖縄芸術祭 團伊玖磨のすべて（管弦楽版初演）	佐世保市合唱団協会	九州交響楽団／團伊玖磨	佐世保市民会館
1974年10月19日／第6回九州沖縄芸術祭 團伊玖磨のすべて（管弦楽版初演）	唐津合唱団	九州交響楽団／團伊玖磨	唐津文化会館
1974年10月20日／第6回九州沖縄芸術祭 團伊玖磨のすべて（管弦楽版初演）	鹿島市合唱団	九州交響楽団／團伊玖磨	鹿島市民会館
1974年10月25日／第6回九州沖縄芸術祭 團伊玖磨のすべて（管弦楽版初演）	玉龍高校合唱団 鹿児島教職員合唱団	九州交響楽団／團伊玖磨	鹿児島県文化センター
1974年10月26日／第6回九州沖縄芸術祭 團伊玖磨のすべて（管弦楽版初演）	都城クリスタルコール	九州交響楽団／團伊玖磨	都城市民会館

１９７４年10月27日／第６回九州沖縄芸術祭 團伊玖磨のすべて（管弦楽版初演）	佐伯市民合唱団	九州交響楽団／團伊玖磨	佐伯文化会館
１９７４年10月28日／第６回九州沖縄芸術祭 團伊玖磨のすべて（管弦楽版初演）	ライラック合唱団 福岡合唱協会	九州交響楽団／團伊玖磨	福岡市電気ホール
１９７６年７月16日／奈良フロイデ合唱団 創立15周年演奏会	奈良フロイデ合唱団	大阪センチュリー交響楽団／團伊玖磨	奈良県文化会館
１９８０年１月19日／管弦楽版『筑後川』コンサート（東京初演）	大和銀行合唱団 第一勧銀合唱団 日本債権信用銀行合唱団	新日本フィルハーモニー交響楽団／團伊玖磨	東京文化会館
１９８９年９月17日／第１回『筑後川』市民大合唱	市民合唱団	九州交響楽団／團伊玖磨	石橋文化ホール
１９９２年11月15日／第３回『筑後川』市民大合唱	市民合唱団	久留米市民オーケストラ／團伊玖磨	石橋文化ホール
２００１年11月30日／團伊玖磨を偲ぶ夕べ	佐世保市民合唱団	佐世保市民管弦楽団／増井信貴	アルカスＳＡＳＥＢＯ大ホール
２００２年３月10日／『筑後川』演奏会	『筑後川』を歌う八王子市民の会	八王子市民オーケストラ	八王子市けやきホール

開催年月日／コンサート名	合　唱	オーケストラ／指揮者	開催会場
２００２年５月12日／團伊玖磨追悼コンサート	筑後川流域合同合唱団	九州交響楽団／現田茂夫	アクロス福岡シンフォニーホール
２００３年10月13日／国文祭山形２００３閉会式グランドフィナーレ	国文祭山形合唱団 久留米音協合唱団	山形交響楽団	山形県民会館
２００４年11月28日／高槻市民合唱団公演	高槻市民合唱団	関西フィルハーモニー交響楽団／本名徹次	
２００４年７月18日／港南区ひまわり管弦楽団第10回定期演奏会	ひまわり管弦楽団合唱団	港南区ひまわり管弦楽団／山田慶一	神奈川県立音楽堂
２００５年12月18日／釜石市民会館自主事業かまいしの『第九』と『筑後川』コンサート	かまいし第九合唱団	ウッドランドノーツ	釜石市民会館大ホール
２００６年８月12日／日台音楽交流の夕べ	福教大　台北演劇場	台北演劇場オケ 福教大オケ／層道雄	宗像ユリックス
２００７年６月24日／トヨタコミュニティーコンサートｉｎ見附	アルカディア混声合唱団	新潟交響楽団／船橋洋介	見附市文化ホール「アルカディア」

２００９年１月18日／九州交響楽団演奏会	日田市民合唱団他	九州交響楽団／迫正嘉	日田市民文化会館パトリア日田大ホール
２００９年２月21日／第５回アジア男声合唱祭	香港日本人倶楽部合唱団		香港・上環文化センター
２００９年10月12日／『筑後川』＆『筑紫讃歌』歌い継ぐ筑紫のこころ	團伊玖磨記念『筑後川』特別合唱団	九州交響楽団 ソプラノ・佐藤しのぶ テノール・青戸知／現田茂夫	アクロス福岡シンフォニーホール
２０１０年３月３日／ウイークデイ・ティタイムコンサート10	東京混声合唱団	東京交響楽団／山田和樹	日本オペラシティーコンサートホール
２０１０年３月14日／久留米音楽の祭典	久留米音楽の祭典合同合唱団	九州交響楽団／現田茂夫	石橋文化ホール
２０１０年６月20日／オーケストラと歌う市民合唱コンサート（八王子市）	オーケストラと歌う市民合唱団	東京ニューフィルハーモニック管弦楽団／平井秀明	八王子芸術文化会館いちょうホール
２０１０年８月28日／第20回記念相楽合唱祭	相楽合唱連盟	奈良交響楽団／稲森和重	奈良県大和郡山市やまと郡山城ホール
２０１０年11月６日／「秀の会」記念コンサート	「秀の会」合唱団	ＴＨＥＡＴＥＲ ＯＲＣＨＥＳＴＲＡ ＴＯＫＹＯ／小高秀一	埼玉県川越市民会館

開催年月日／コンサート名	合唱	オーケストラ／指揮者	開催会場
２０１１年９月19日／團伊玖磨没後10年 團伊玖磨作品演奏会	佐世保市民合唱団	佐世保市民管弦楽団／原田大志	佐世保市民会館
２０１１年12月18日／野木エニス混声合唱団 第３回定期演奏会	野木エニス混声合唱団	東京セントラルシティフィルハーモニー管弦楽団／金井敬	栃木県野木町文化会館 野木エニス大ホール
２０１２年５月31日／京都・国際音楽学生フェスティバル 第６日目	大阪音楽大学学生	参加学生によるオーケストラ	京都府立府民ホールアルティ
２０１２年10月17日／オーケストラとコーラスの饗宴 第89回 〝佐藤菊夫コンサート〟	コール・サウンド	東京管弦楽団／佐藤菊夫	東京オペラシティ コンサートホール
２０１２年10月20日／第20回東近江合唱祭	第20回東近江合唱祭参加者及び個人参加者	管弦楽アンサンブル／清原浩斗	
２０１３年５月17日／團伊玖磨13回忌記念 九州交響楽団第３２４回定期演奏会	團伊玖磨記念『筑後川』合唱団	九州交響楽団 ソプラノ・佐藤しのぶ 笛・赤尾三千子／現田茂夫	アクロス福岡 シンフォニーホール
２０１３年11月12日／第２回 佐世保文化ウイークフィナーレ	佐世保文化ウイーク合唱団	佐世保市民管弦楽団／桶本栄一	アルカスＳＡＳＥＢＯ大ホール

２０１４年７月６日／久留米音協合唱団創立50周年記念演奏会	同合唱団他	九州交響楽団／中島敬介	石橋文化ホール
２０１６年７月１日／大和混声合唱団第46回定期演奏会	大和混声合唱団	湘南アルス室内オーケストラ／前澤　均	神奈川県立音楽堂
２０１６年９月10日／三田市音楽協会40周年記念演奏会	協会所属19合唱団	ウインドアンサンブルコスモス 三田ユースオーケストラ 三田市民オーケストラ／保科　洋	郷の音ホール大ホール
２０１６年10月16日／オーケストラで歌う二つの合唱曲『筑後川』と『土の歌』	県民合唱団	岐阜県交響楽団／髙谷光信	サマランカホール（岐阜市）
２０１７年10月７日／第２回演奏会	プラチナ★シンガーズ	東京フィルハーモニー交響楽団／青木洋也	ミューザ川崎シンフォニーホール
２０１７年12月10日／パトリアの第九	パトリア合唱団 栗友会	九州交響楽団／現田茂夫	日田市民文化会館　パトリア日田
２０１７年12月10日／第６回大きな輪となれジョイントコンサート	佐久創造館合唱団	東京都交響楽団団友会オーケストラ／和田一樹	佐久コスモホール
２０１７年12月17日／まちだ・みんなのコンサート	町田市合唱連盟	町田フィルハーモニー交響楽団／荒谷俊二	町田市民ホール

⑺團伊玖磨七十七年の足跡

一九二四年四月七日、東京に生まれる。
一九四二年 東京音楽学校（現・東京芸術大学）作曲科に入学。下総院一、細川碧、橋本国彦に師事。
四四年 在校のまま陸軍戸山学校軍楽隊へ入隊。
四五年 学校に復帰。同年卒業。管弦楽付き歌曲『二つの抒情詩』作曲。
四七年 歌曲『花の街』作曲。
四八年 交響詩『平和来』（後に『挽歌』と改める）で平和の鐘建立会主催作曲コンクール入賞。
交響曲イ調（後に交畜曲第1番と改める）作曲でNHK二十五周年記念管弦楽曲発表特賞、NHK専属作曲家となり毎週のラジオ番組を担当（一九五三年まで）
四九年 『ぞうさん』作曲。
一九五一年 演劇「夕鶴」付帯音楽で毎日音楽賞演劇部門受賞。オペラ『夕鶴』完成、五二年『夕鶴』初演。
五三年 芥川也寸志、黛敏郎とともに「三人の会」結成。
五五年 オペラ『聴耳頭巾』完成。管弦楽曲『シルクロード』作曲。
五六年 交響曲第2番作曲。
五七年 『夕鶴』チューリヒ歌劇場にてヨーロッパ初演。
五八年 オペラ『楊貴妃』完成。
五九年 皇太子殿下（現天皇陛下）と美智子妃殿下ご成婚のため『祝典行進曲』作曲。
一九六〇年 『夕鶴』アメリカ初演。交響曲第3番作曲。
六二年 歌曲集『ジャン・コクトーに依る八つの詩』作曲。

六三年　混声合唱曲『岬の墓』で芸術祭賞文部大臣賞を受賞。序曲『東京オリンピック』作曲。
六四年　アサヒグラフで随筆「ハイプのけむり」連載開始（二〇〇〇年十月まで一八四二回続いた）
交響曲第4番作曲。
六五年　交響曲第5番作曲。
六六年　戦後二十年間の作曲活動に対して日本芸術院賞を受賞。
六八年　混声合唱のための『デイヴェルティメント』で芸術選奨、文部大臣賞を受賞、混声合唱組曲『筑後川』作曲。
一九七二年　オペラ『ひかりごけ』で芸術選奨、文部大臣賞を受寅。
七三年　日本芸術院会員となる。
七五年　オペラ『ちゃんちき』完成。
七八年　自らの企画によるテレビ番組「もうひとつの旅」放映開始（一九八〇年九月まで一〇三回放映）
七九年　『夕鶴』中国公演。
一九八〇年　自らの企画によるテレビ番組「音楽の旅はるか」放映開始（一九八四年九月まで二〇四回放映）
八四年　交響幻想曲『万里長城』作曲
八五年　交響曲第6番『ＨＩＲＯＳＨＩＭＡ』作曲
八七年　「とうきようエキコン」音楽監督となり、東京駅コンサートか始まる（二〇〇〇年十一月まで）
八九年　ウィーン交響楽団との交響曲3～6番のＣＤ録音のためウィーンを訪れる。『ちゃんちき』海外公演。
一九九〇年　ＮＨＫ放送文化章受賞。神奈川県文化賞受賞。
九二年　皇太子殿下と雅子さまのご成婚のため『新・祝典行進曲』作曲。
九四年　オペラ『素戔嗚』完成。
九七年　オペラ『建・ＴＡＫＥＲＵ』新国立劇場杮落として初演。久留米市文化章受賞。

九八年　国際交流基金賞受賞。『夕鶴』ロシア公演。
九九年　文化功労者に列せられる。『夕鶴』イタリア公演。
二〇〇〇年　神奈川県を中心に全国規模で團作品を展望する（DAN YEAR 2000）始まる（二〇〇一年三月まで）
〇一年　歌曲集『マレー乙女の歌へる』初演。
〇一年　三月二十八日、白秋の故郷、柳川で、團伊玖磨トーク＆ミュージック「白秋のまち」の音楽会出演、「邪宗門」をテーマにした交響曲（第7番）を作曲中と語る。これが最後の演奏会となる。
五月十七日、旅行先の中国・蘇州で死去（享年七十七）

⑻丸山豊プロフィール

一九一五～八九年。福岡県八女郡広川町出身。九州医学専門学校（現久留米大学医学部）卒業。戦時中軍医として従軍し、戦後は久留米市で医師として活躍する傍ら、安西均、野田宇太郎らと詩誌「母音」を創刊。松永伍一、谷川雁、森崎和江らを輩出した。著書に『月白の道』などがある。一九七三年久留米市文化章、一九七八年西日本文化賞を受賞、一九八五年には日本現代詩人賞の「先達詩人」顕彰を受けた。海外でも評価が高く一九六七年アラゴン主宰の「フランス文学」誌上で「十人の日本詩人」として紹介される。團伊玖磨との作品は、『久留米大学校歌』、『石橋文化センターの歌』など数多く、混声合唱組曲『筑後川』の他に五年ごとに二人のコンビで作曲した混声合唱組曲『大阿蘇』、『海上の道』、『玄海』などがある。

⑼混声合唱組曲『筑後川』作曲五十年の歩み

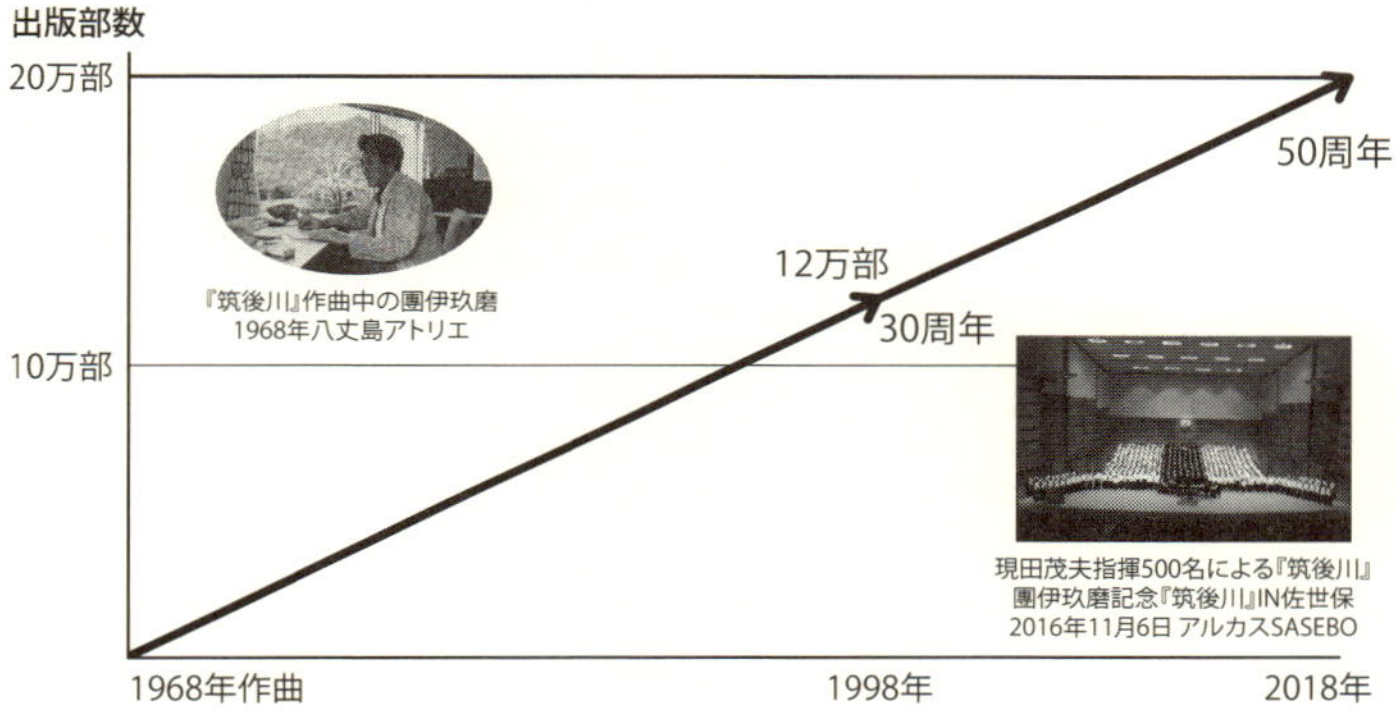

『筑後川』作曲五十年の歩み

1968年	團伊玖磨、混声合唱組曲『筑後川』(作詞・丸山豊) 作曲、初演
1969年	カワイ楽譜(現カワイ出版)から楽譜出版
1970年	東京初演(上野・東京文化会館)
1973年	全日本合唱コンクール課題曲に選定される
1974年	中学・高校の教科書に「河口」が載る
1976年	管弦楽版『筑後川』 團自身の手で編曲され、九州交響楽団初演
1989年	2台のピアノによる『筑後川』 高嶋みどりにより編曲 東ドイツで初演
1991年	「河口」吹奏楽版時松康敏により編曲 團伊玖磨指揮で初演
1998年	『筑後川』作曲30周年記念コンサート 楽譜12万部の出版
2000年	「團伊玖磨さんの音楽を楽しむ会」発足
2001年3月28日	團伊玖磨トーク＆ミュージック「白秋のまち」の音楽会(柳川)公演 團伊玖磨の最後のコンサートとなる
2001年5月17日	團伊玖磨中国蘇州市で死去(享年77)
2001年	團伊玖磨指揮『筑後川』CD全国リリース(原曲版、2台のピアノ版)
2002年5月12日	團伊玖磨一周忌追悼コンサート アクロス福岡シンフォニーホール 指揮・現田茂夫 九州交響楽団 合唱・團伊玖磨追悼『筑後川』流域合唱団
2002年11月3日	團伊玖磨記念『筑後川』流域コンサート始まる(みなかみの地 熊本県小国町)
2003年	出窓社から『團さんの夢』(中野政則著)出版される。
2007年1月20日	『筑後川』訪中公演 終焉の地蘇州で。 同行取材 NHKテレビ「中国へ渡った筑後川」放映(60分番組)
2008年	『筑後川』&『筑紫讃歌』CD全国リリース 現田茂夫指揮 九州交響楽団 合唱:筑後川』特別合唱団 ソプラノソロ・佐藤しのぶ テノールソロ・青戸知
2013年5月17日	九州交響楽団第324回定期公演 ・團伊玖磨13回忌記念 現田茂夫指揮 ・團伊玖磨交響曲第1番 ・交響曲第6番『HIROSHIMA』 ・合唱組曲『筑後川』 團伊玖磨記念『筑後川』合唱団
2016年	筑後川』楽譜100刷、『筑後川』楽譜17万部出版
2017年10月29日	團伊玖磨記念『筑後川』IN大宰府2017を福岡県太宰府市で開催。16年目となる。
2017年11月	「團伊玖磨さんの音楽を楽しむ会」 第4回JASRAC音楽文化賞受賞
2018年	團伊玖磨『筑後川』作曲50周年

著者　**中野政則**（なかの・まさのり）

1940年生まれ。久留米市在住。ブリヂストンの東京、久留米工場総務課長など歴任。東京本社勤務の一時期、全国文化団体連盟会長に就任した石橋幹一郎を補佐する立場で出向。創業者石橋正二郎と創業地久留米の文化歴史を編む等発祥地の継承活動につとめる。在職中、幹一郎に引き合わされた作曲家團伊玖磨と親交をもち、定年後「團伊玖磨さんの音楽を楽しむ会」を主宰し團作品のプロデュースにあたる。ミュージックペンクラブジャパン会員。主な編・著書に『ブリヂストンカンツリー倶楽部物語』、『石橋文化ホール、開場す』、『筑後川』（カワイ出版）『團さんの夢』『正二郎はね』（いずれも出窓社）などがある。2017年第4回JASRAC音楽文化賞受賞。

「團伊玖磨さん音楽を楽しむ会」ホームページ
http://www7.plala.or.jp/tikugogawa/

◆装　　丁　辻　聡
◆地図作成　オフィスぴゅーま

本書に掲載した新聞・雑誌等の記事は、朝日新聞社、讀賣新聞社、日本経済新聞社、日本中国文化交流協会、日本音楽著作権協会の許諾をいただき転載したものです。

写真提供　土居善胤（135頁）、團伊玖磨さん音楽を楽しむ会、
中野政則

DMD

出窓社は、未知なる世界へ張り出し
視野を広げ、生活に潤いと充足感を
もたらす好奇心の中継地をめざします。

筑後川よ永遠なれ

團伊玖磨記念『筑後川』流域コンサート、二十年の軌跡

2018年4月10日　初版印刷
2018年4月30日　第1刷発行

著　者　中野政則
発行者　矢熊　晃
発行所　株式会社 出窓社
東京都国分寺市光町 1-40-7-106　〒185-0034
TEL 042-505-8173　Fax 042-505-8174
http://www.demadosha.co.jp
振　替　00110-6-16880

印刷・製本　シナノ パブリッシング プレス

ISBN978-4-931178-90-8